绿色技术与城市轨道交通工程

周楚荣　著

华中科技大学出版社
中国·武汉

图书在版编目(CIP)数据

绿色技术与城市轨道交通工程/周楚荣著.—武汉:华中科技大学出版社,2023.11
ISBN 978-7-5680-9957-8

Ⅰ.①绿…　Ⅱ.①周…　Ⅲ.①城市铁路-铁路施工　Ⅳ.①U239.5

中国国家版本馆 CIP 数据核字(2023)第 156472 号

绿色技术与城市轨道交通工程　　　周楚荣　著

Lüse Jishu yu Chengshi Guidao Jiaotong Gongcheng

策划编辑:李国钦　何臻卓
责任编辑:陈　骏　郭娅辛
封面设计:原色设计
责任校对:刘　竣
责任监印:朱　玢
出版发行:华中科技大学出版社(中国·武汉)　　电话:(027)81321913
武汉市东湖新技术开发区华工科技园　　邮编:430223
录　　排:华中科技大学惠友文印中心
印　　刷:广州一龙印刷有限公司
开　　本:787mm×1092mm　1/16
印　　张:9.25
字　　数:225 千字
版　　次:2023 年 11 月第 1 版第 1 次印刷
定　　价:89.00 元

華中出版

本书若有印装质量问题,请向出版社营销中心调换
全国免费服务热线:400-6679-118　竭诚为您服务

前　　言

在这个快速发展的时代，城市轨道交通作为现代城市的重要组成部分，扮演着连接人们生活与工作的重要角色。然而，随着城市人口的不断增长和环境问题的日益突出，传统的城市轨道交通工程面临着诸多挑战。

本书旨在为读者提供关于绿色技术在城市轨道交通工程中的最新研究和发展动态，帮助读者深入了解绿色技术在城市轨道交通工程中的应用现状和发展趋势，为城市轨道交通的可持续发展提供有益的启示和参考。

首先，我们将深入讨论城市轨道交通工程的绿色低碳发展策略，并分析绿色低碳技术的应用现状和发展趋势。

然后，我们将讨论城市轨道交通工程的环境影响评估及防治对策，分析绿色技术在城市轨道交通工程中的应用案例。

最后，我们将展望未来绿色技术在城市轨道交通工程中的发展趋势，如智慧车站建设及新型电力系统、物联网-5G 技术和人工智能技术的应用等。

由于编写时间有限，书中难免会存在不足之处，恳请读者批评指正。

目　录

第一章　绿色技术在城市轨道交通工程中的应用现状和发展趋势

第一节　中国城市轨道交通工程建设的现状

在城市化发展过程中，交通瘫痪、交通堵塞以及交通事故等交通问题频发。为了解决这些问题，我国做出了不懈的努力。其中，城市轨道交通建设就是解决交通问题的重要措施。城市轨道交通在速度、容量、成本以及排污量等方面具备优势，可以在一定程度上解决城市交通问题。事实上，随着我国经济的迅速发展，城市轨道交通建设规模日益壮大，在各方面实现了质的超越。城市轨道交通对于缓解城市交通拥堵、扩大城市开发空间和增加房地产开发力度有着一定的促进效果。让城市轨道交通工程建设更加专业化、科学化，是城市轨道交通建设开发模式管理研究的目标。

一、建设城市轨道交通的必要性

目前，随着越来越多的人前往城市发展，城市人口规模迅速扩大，城市人口流动性也越来越高。城市核心区的高密度发展和中心城市的人口高度集中，导致公共交通出行总量增加；城市边缘和远郊地区的城市化发展，也会产生大量新的远距离交通市场。

中国城市人均道路面积占有量严重不足，因此，拓展提升城市客运交通的服务能力迫在眉睫。目前，中国城市的首要任务就是构建城市综合交通运输系统，而其中非常关键的就是选取合理的主导交通方式，建设与城市经济发展、市民出行需要相适应的，符合城市规模、形状、空间结构以及城市人口分布规律的，并代表着城市轨道交通科技发展水平的城市交通网。

城市轨道交通作为一种快速便捷的绿色公共交通方式，在减少城市拥堵、推动城镇空间的合理布局与拓展等方面都起到了重要作用，现已成为城市公共交通中优先发展的主要对象。为解决城市人群的交通需要，建设城市轨道交通势在必行。城市轨道交通能够短距离内运送大规模的人流（特别是早晚高峰期），同时也因不受天气和其他交通工具的影响，更具备准时性、快达性和安全性。城市轨道交通配备了齐全的中央空调、智能化等服务设施，较传统城市公共交通方式更具舒适性。

城市的土地使用年限久，而且寸土寸金，因此城市轨道交通中的地铁系统充分利用了地上与地下空间，在有效缓解地面交通压力的同时，也大幅度提高了地下空间的使用率。由于地铁车辆大多是由电力牵引的，与铁轨间的摩擦力也相对小，所以，其与普通公交电车、汽车相比更节省能源，相应的费用也更低，在一定程度上也减少了汽车废气对环境的污染，更加环保。随着城市交通的日益发达，更多的城市居民开始选择地铁出行。发展城市轨道交通在解决日常生活需要的同时还具有带动城市化建设的重要意义。

二、中国城市轨道交通建设现状

1965 年，中国建设了国内首条城市地铁——北京地铁。数十年来，中国城市轨道交通逐渐走向稳定、有序和高速的发展阶段，特别是在近十年以来，随着政府的正确引导以及全国各大城市对规划、修建地铁的积极努力，从发展速度、规模和现代化水平上，中国城市轨道交通逐步凸显了后发优势。

近年来，随着中国城市轨道交通运行规模、客流量、在建里程、设计线路总长等屡创历史新高，其建设日趋网络化、差异化，制式结构更多样，经营也逐渐完善。数据显示，2021 年全国新建城市地铁运营线共 39 条，线路长度超 9000 km。截至 2022 年年底，共有 55 个城市开通城市轨道交通，线路总长达 10291.95 km。据初步统计，截至 2035 年，规划建设的地铁及市域快轨总长将超过 35000 km。

但不能否认的是，在中国城市轨道交通建设的发展过程中，存在建设工程量大、建设成本高、运营收益回收慢的问题。在车辆运营、维护和管理的过程中也存在很多问题，需要进一步减少车辆养护监管成本，提升轨道交通运行质量与管理水平，使城市轨道交通运营处于快速、稳定、健康发展的良好状态。同时，还必须充分考虑城市轨道交通与其他重要交通系统、城市交通设施之间的相互关系。

三、城市轨道交通项目建设管理的特点

1. 建设规模

大城市地铁的施工规模较大，一般线路全长为 20～30 km，站间距多为 1～1.5 km，且站台多为地下多层建筑。施工领域涉及的学科门类众多、工程体系规模宏大、施工方法繁多，不但涉及隧道、桥梁、地下和地面建筑物等重大土建施工，还涉及多种新型的机械施工技术；既有现代大规模土木建筑的特点，也有现代机电工程的特点。

2. 工期影响

鉴于城市地铁工程项目涉及面广、体系复杂，从工程项目研发至通车运营，通常需要 5～7 年。同时，这些建设工程主要经过人流密集区、交通交会点等，为降低工程对城市居民日常生活、生态环境和道路交通的危害，尽快满足城市居民的出行需求，对工程质量的管理应更加严格，避免工程节点延误。否则，会影响工程进度和政府的声誉，后果比较严重。

3. 工程质量要求高，但设计和施工变更多、难点多

城市轨道交通建筑属于一座城市的地标性建设工程。作为关键性建设工程，其工程质量水平已引起社会各界的普遍重视，这在无形中也对工程提出了更高的技术要求。但地下工程状况复杂、不易精确测量，且地质要求和施工要求的改变对工程原总体设计方案也会造成一定影响，从而导致工程变化因素多、施工难度大。

4. 工程实施风险大

城市地铁工程项目自身特性决定了工程执行中的风险和危害性比普通工程大得多，同时，城市地铁工程项目中还存在大量的地质风险、机电设备潜在缺陷风险、工程接口风险。

5. 安全问题

如何在数百亿人次的运营过程中，保障每位旅客的生命安全，这是个很重要的问题。在

城市轨道交通运营过程中，任何一个环节出现问题，都可能会对工作人员以及旅客的人身安全造成威胁。同时，部分旅客的安全意识相对淡薄，这导致城市轨道交通的运行存在较大的安全压力。目前，尽管某些城市地铁公司会定期开展一些紧急演习，但参加人员较少，而且大部分参加人员是本公司的工作人员，缺乏社会公众参加，这就使得社会公众在面临一些城市轨道交通突发事件时不能及时采取更加合理的处理方法。

第二节 绿色城市轨道交通工程概念定位及其特征表现

城市轨道交通在减少环境污染、缓解城市交通拥堵、防治城市病、促进城市发展等方面发挥着重要作用，被公认为现代城市主要的公共交通方式。

然而，城市轨道交通作为一项庞大的系统性工程，从前期建设到后期运营，都会消耗大量能源、资源，且对城市生活环境产生一定程度的不利影响，在设计生命后期也面临升级改造困难等问题。因此，有必要在城市轨道交通设计、建设、运营、维护等全寿命周期内全面推广绿色技术，实现城市轨道交通节能环保、可持续发展的目标要求。

当前，国内外城市轨道交通建设在借鉴绿色建筑、绿色施工技术的基础上逐渐重视开发和推广地铁绿色技术，但鉴于城市轨道交通建设运营的系统性和复杂性，某一领域、某一方面的绿色技术应用显然无法实现绿色城市轨道交通建设运营的最优目标，因此有必要对绿色城市轨道交通的概念进行系统阐释，对城市轨道交通绿色技术进行系统总结，为绿色城市轨道交通工程发展指明方向。

一、国内外绿色城市轨道交通工程建设及发展状况

早在20世纪60—70年代，国外就开始了绿色建筑的研究和推广，特别是1992年联合国环境与发展大会后，绿色建筑、绿色施工成为世界范围内建筑业的发展方向，发达国家纷纷建立了本国的绿色建筑评价方法。其中具有代表性的有英国的BREEAM(1990)、美国的LEED(1998)、日本的CASBEE(2001)等。随着绿色技术的进步，绿色建筑评价方法不断升级完善，其适用范围也逐步扩大。如美国纽约大都会地铁公司建成了北美第一个通过LEED绿色建筑认证的列车维护维修工厂，SEPTA Fox Chase和Twin Brook地铁站也获得了LEED认证。绿色城市轨道交通工程是绿色建筑的发展和延伸，顺应了当前对环境保护、可持续发展的迫切需求，应从绿色施工控制、绿色运营维护等多角度进行优化、深化和细化。

纵观欧美、日本等地的城市轨道交通工程的建设及运营情况可以发现，国外发达国家和地区超过95%的城市轨道交通是在2010年前修建的(见图1-1、表1-1)。鉴于当时的技术水平，建设过程中采用的绿色技术较少，而后期的运营、维护则较多地从节能、减排、降噪等方面对既有城市轨道交通系统进行了功能提升，且这一发展趋势在绿色经济理念的引导下逐渐得到重视。例如：2006年，伦敦地铁采用了自动开启扶梯、自然通风、自然采光系统；2008年，瑞典的斯德哥尔摩中央车站将地铁车站产生的多余热量进行收集并应用于临近建筑供热；2011年，日本东京站采用压电发电底板用于闸机开闭控制，迪拜建成了全球最长的无人

驾驶地铁线路(Redline & Greenline);2017 年,智利建成了全球首个太阳能驱动的地铁系统。

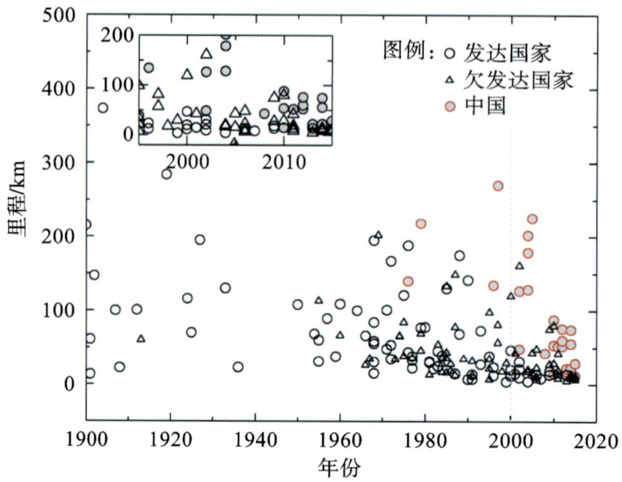

图 1-1 国内外主要城市轨道交通建设时间

表 1-1 国内外城市轨道交通建设里程(截至 2019 年 12 月)

建设里程/km	发达国家	欠发达国家	中国
2010 年前建设里程/km	8367	3433	1455
当前总里程/km	8593	7686.5	6730.27
2010 年后新建占比/(%)	2.63	55.34	78.38

我国的城市轨道交通工程起步较晚,但发展迅速。一方面,各地城市轨道交通项目如雨后春笋般迅猛发展,形成了“大干快上”的建设局面;另一方面,绿色建设理念逐渐深入人心,绿色技术经过几十年的探索实践日臻成熟,并出现了一批成功应用于实际项目建设的绿色标准和典型案例。

近年来,我国先后颁布了《建筑工程绿色施工规范》(GB/T 50905—2014)、《建筑工程绿色施工评价标准》(GB/T 50640—2010)等多个标准和地方性规程。住房和城乡建设部于 2019 年重新构建了绿色建筑评价体系,进一步拓展了绿色建筑内涵,修订了《绿色建筑评价标准》(GB/T 50378—2019)。在我国城市轨道交通建设快速发展的趋势下,从规划、设计、施工及运营维护等全寿命周期探索、推广绿色技术,已经成为城市轨道交通建设新的发展方向。

目前,长沙、重庆、深圳、北京等城市率先在绿色城市轨道交通工程领域进行了有益的尝试。例如:长沙致力于将资源节约和环境友好的城市建设理念融入城市轨道交通工程建设中,在全国首先提出了“绿色地铁”理念,制定了城市轨道交通能耗较全国平均能耗降低 20% 的目标;重庆、上海等地为提高土地使用效率,已在车辆段、车站等实施上盖物业开发;深圳城市轨道交通 7 号线从设计、施工和运营管理着手,采用绿色施工等技术对华强北路地下空间效能进行了最大化开发利用,并实现了土地集约高效开发,与周边无缝接驳;北京城市轨道交通14号线采用了自然光及太阳能和风力发电、雨水回收等多项节能技术，并配备了污水处理设施，实现了中水利用；青岛城市轨道交通3号线24列车的客室照明，在正常运营的情况下采用LED灯，比荧光灯每年可节约用电40%(40万 kW·h[①])以上。

此外，我国部分城市正在积极开展绿色城市轨道交通工程评价体系的研究工作。如2013年长沙市编制了国内首部绿色城市轨道交通评价标准(《长沙市绿色城市轨道交通评价标准》和《长沙市城市轨道交通绿色车站设计导则》)，采用了节地与周边环境、节能与能源利用等7类指标对绿色城市轨道交通工程进行等级划分。

综上可见，当前城市轨道交通工程的绿色技术不成体系，往往针对某一细节或单一技术，缺乏系统性，且评价标准不明确、评价指标不统一，因此有必要对绿色城市轨道交通概念进行系统界定，对城市轨道交通工程的绿色技术进行全面梳理，以便为后期绿色技术选用和绿色评价标准的建立提供支持。

二、绿色城市轨道交通工程概念定位

绿色城市轨道交通工程的概念定位应首先基于当前的绿色工程概念(含规划、设计、施工、运营和维护等)。当前与绿色工程相关的重要概念包括以下几点。

(1)绿色建筑工程。在建筑的全寿命周期内，最大限度地节约资源、保护环境和减少污染，为人们提供健康、适用和高效的使用空间以及与自然和谐共生的建筑。

(2)绿色勘察。运用绿色理念指导地质勘察工作，通过树立资源整装勘察理念，开展综合勘察与评价，重视开采技术条件研究和勘察区生态环境保护等。

(3)绿色设计。在车站建筑的全寿命周期内，最大限度地节约资源(节能、节地、节水、节材)、保护环境和减少污染，为人们提供健康、使用便利的车站空间。

(4)绿色施工。在保障质量、安全等基础要求的前提下，通过科学管理和技术进步，最大限度地节约资源，减少施工对周边环境的破坏与污染，实现"四节一环保"(节能、节地、节水、节材和环境保护)。

(5)绿色运营维护。在城市轨道交通的全寿命周期内，最大限度地节约资源，在实现高效、安全地运载乘客的同时，减少对环境的污染，为乘客提供舒适、健康、便捷的交通运输方式。

由于城市轨道交通工程涵盖了土木、机电、信息化技术等多个领域，绿色城市轨道交通工程的概念定位应基于全寿命周期理念并考虑多专业的整合，因此要把绿色勘察、绿色设计、绿色施工等统筹考虑。结合城市轨道交通工程的建设及运营维护特点，可将绿色城市轨道交通工程定义为：在城市轨道交通建设的规划、设计、施工、运营维护等全寿命周期内，通过前瞻研究、统筹规划、科学设计、系统优化等方法，综合推广应用节能、节地、节水、节材、环境保护等新技术、新材料，实现资源节约、效率优化、和谐相生、统筹共享、智慧预愿、修复再造等可持续发展目标。

绿色城市轨道交通工程的概念定位突出了绿色规划、绿色设计、绿色施工等全寿命周期内的绿色方向确定、绿色技术实施、绿色反馈评价机制和全过程的绿色管理。随着城市轨道

---

① 因作者要求，本书能量单位采用工程上的习惯用语。

交通工程实施进程的不断推进，绿色技术体系逐渐丰富、完善，可采用的绿色技术呈现出台阶式的增长（见图 1-2）。绿色技术的特征表现为以下几个方面。

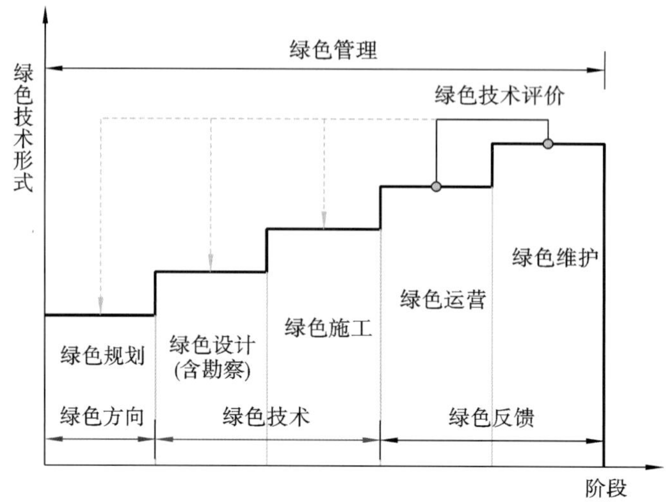

图 1-2　绿色城市轨道交通阶段划分及相互关系

（1）资源节约。包括节能、节地、节水、节材等。如采取光伏发电、中压回馈能量回收、自然采光等措施实现节能，采取高架段沿路中绿化带敷设、车站设备泵房设计在地下等措施实现节地，采取地下水回灌、雨水收集、中水利用等措施实现施工期和运营期节水，采取桩墙合一、两墙合一、围护结构优化等措施实现节材。此外，根据当地工程地质和水文地质条件，并结合工程周边环境特点，进行工法优化、设备选型优化、工筹优化等。通过对各阶段可采用的绿色技术进行合理筛选，对各阶段的人、机、料进行合理配置，实现综合资源节约。

（2）效率优化。对城市轨道交通线网进行科学设计，根据客流需求分批建设和有序运营，并通过运营列车的调度优化，最大限度地提高乘客出行效率和城市轨道交通运营效率。如采用一体化设计理念进行城市轨道交通与其他交通方式的多样化、多层次接驳设计，实现同种交通方式及不同交通方式间的快速换乘，提高乘客出行效率；部分车站内增加越行线，通过设置快慢车，提高出行速度，通过列车交路优化和初期、近期、远期车辆编组优化，提高列车运营效率，运用停车线对列车故障进行临时检查和快速维修等。

（3）和谐相生。注重城市轨道交通工程与周边环境的协调性和相融性，达到城市轨道交通绿色建设及运营维护要求。力求将城市轨道交通融入周边环境，与周边环境一体化，与周围景观相辅相成，与附近居民的生活相协调。如基于接受美学视角对城市轨道交通工程高架梁进行美学设计，在施工阶段对建筑废弃物、废土弃浆、落地灰等进行资源化再利用，对施工项目部进行景观化建设，在运营维护阶段对列车进行减振降噪，对车辆基地进行雨水回收、中水利用等。

（4）统筹共享。对城市轨道交通线网及配套设施进行统筹规划，实现城市轨道交通资源共享，服务城市轨道交通本身和其他市政工程项目。如结合全线的线网建设规划对变电站、换乘站、停车场进行统筹共享，根据周边环境需求将车站空间共享（如车站空间与人防工程共享），根据线路区间的弱电管网布设需求将隧道空间进行共享，实现全网的互联互通、车辆的均衡调配。

（5）智慧预愿。通过信息化技术构建智慧城市轨道交通系统，打造“地铁＋”，根据乘客的出行意愿，实现方便、健康、绿色、安全的出行需求。如采用自动驾驶技术实现对列车的自动化控制，采用云计算技术实现资源的动态调配，根据客流需求动态调整列车运营频次及首末班时间。

（6）修复再造。重视城市轨道交通全寿命周期内的功能扩展，为城市轨道交通后期的功能完善和生命再造提供条件，实现城市轨道交通结构寿命周期内可修复，寿命周期外可再造。如根据车辆段和停车场的开发现状及潜在需求对上盖进行预留，充分考虑管片变形和健康状态演变的情况，将管片内径扩大，为后期修复再造提供空间。

三、绿色城市轨道交通工程的特征表现

城市轨道交通工程绿色技术的选取应基于以下 3 个维度。

（1）技术维度，如技术分类、成熟度、实施难度等。

（2）工程影响，如实施风险、工期、成本等。

（3）实施愿景，如技术期望值、技术收益时间等。

因此，对绿色技术的选取应经过充分比选和论证，如图 1-3 所示。

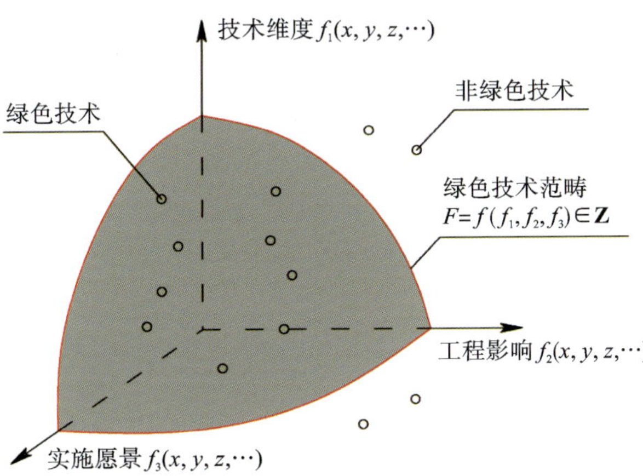

图 1-3 绿色技术筛选原理

绿色技术贯穿城市轨道交通实施的整个过程，根据实施阶段，主要包括以下内容。

1. 绿色规划设计

规划阶段是绿色城市轨道交通工程的纲领性阶段，指定了绿色技术的方向，将直接影响后续阶段所采用的绿色技术的适用性和实施效果。

常规的城市轨道交通工程在带动城市发展的同时，也带来了大量的城市问题，其中最为突出的问题为零碎的城市空间和低效能的城市土地综合利用率。由于城市轨道交通是人流集散的重要区域，肩负着沟通城市各个区块的使命，应将土地使用、地面交通与城市轨道交通的互动贯彻规划全过程，以进一步联系城市空间、提高土地利用率。规划阶段，应从城市

轨道交通与城市总体规划的一体化、与常规公交的一体化、与综合交通枢纽和城市综合体的一体化、与城市地下空间开发的一体化，以及城市轨道交通网络的一体化等方面进行系统规划，建立包含自行车、私家车、公共交通和城市轨道交通的多模式平衡绿色交通体系，实现“点、线、面”3个层面的规划设计。特别是城市轨道交通枢纽站，其是构筑城市轨道交通一体化体系的关键，应结合城市规划、建设需求、周边环境等客观情况，积极贯彻城市轨道交通一体化规划设计理念，如图1-4所示。

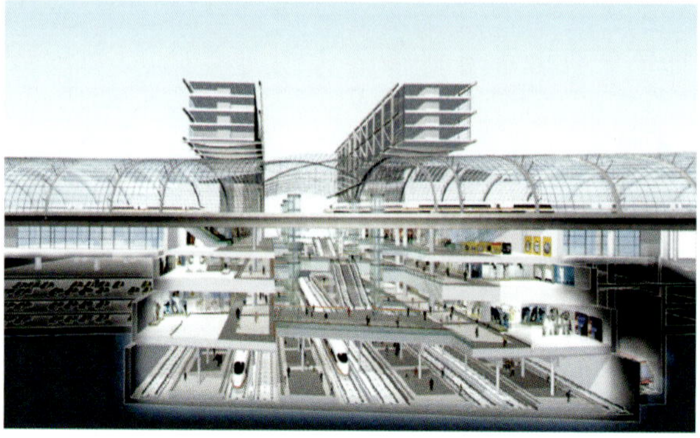

图1-4　德国柏林中央火车站一体化设计

设计阶段(含勘察)，应从土建工程和设备系统两方面入手，在节能、节地、节水、节材、环境保护、环境友好与可持续发展等方面综合采用绿色技术。其中，勘察阶段将为后续规划设计提供基础数据支撑，应采用适宜的物探方法，合理布置勘探工作量，尽量实现多孔合一，并采用遥感遥测、GPS定位等新技术。

土建工程和设备系统涉及的绿色技术种类繁多，但总体看来，土建工程以节地、节材、环保以及可持续发展技术为主，设备系统以节水、节能等技术为主。通过调研发现，中国既有城市轨道交通车辆段用地规模是日本车辆段用地规模的2倍以上，鉴于此，城市轨道交通可在线网规划和设计阶段通过多线地铁车辆段资源共享，优化车辆段用地功能及布置方式等措施实现节地的目标。

此外，城市轨道交通建设时序和需求受多因素制约，可能出现分批次建设情况。为方便与后续工程衔接或功能完善，参考欧洲等发达国家(如德国、英国、法国、瑞士、比利时)的城市轨道交通工程采用的预留预埋技术经验，应对不同建设规划交叉节点的土建结构和设备接口进行预留或同期实施。如车辆段采用上盖预留技术，为后期车辆段地块开发预留了条件。

值得注意的是，规划设计阶段主要侧重于绿色技术选取，是绿色城市轨道交通工程的顶层设计阶段。本阶段以方案设计为主，但对后续各项绿色技术的开展落实和效果评价起着决定性作用。

2. 绿色施工

绿色施工是绿色规划设计的进一步发展，是绿色技术的集中落实阶段，应秉持降低施工影响、减少环境负荷的基本原则开展工作。在土建施工前，应对施工围挡、交通疏解方案等进行系统梳理优化，对盾构等相关设备进行必要的比选，对既有设备进行绿色再制造，对场地范围内未改迁管线进行加固保护，以期在施工中减少对周围环境的影响和节能减排。在城市轨道交通工程施工过程中，条件允许时应采用封闭式厂棚进行用料加工以减少噪声、振动、扬尘等。特别需要注意的是，车站基坑工程施工势必引起施工期间地下水水位下降，若对地下水水位变化控制要求严格，应采用必要的地下水回灌技术和封闭降水技术，如图 1-5 所示。

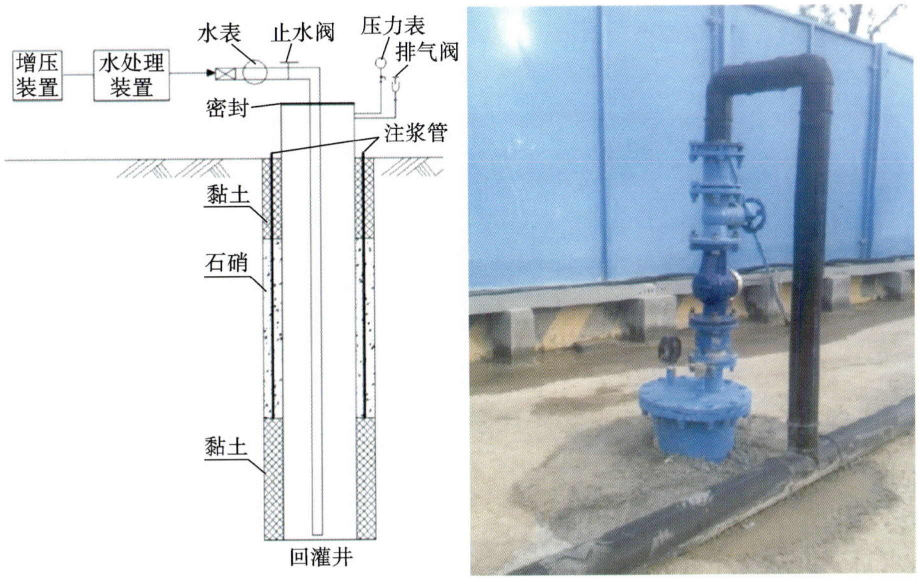

图 1-5　城市轨道交通地下水回灌

此外，城市轨道交通工程应采用有利于回收、以生物成分为主的建材并注重施工废料(渣土、落地灰、建筑垃圾等)的回收和再利用，减少对环境的不利影响。如城市轨道交通工程采用大尺寸预制桩作为基坑围护结构(见图 1-6)，不仅提高成桩效率，而且将成孔时的渣土作为包裹预制桩的水泥土原材料，实现了弃土的资源化再利用(桩长 24 m，渣土量 5 m^3)；高架段采用预制 U 形梁(见图 1-7)以推进产业化，大幅提高了高架段施工质量和施工速度，减小了现场施工对周围环境的不利影响，综合总造价节省约 5%。

图 1-6　城市轨道交通大尺寸预制桩施工

图 1-7　城市轨道交通预制 U 形梁

为便于施工管理、建筑材料及设备的循环利用、施工质量控制，绿色城市轨道交通工程应重视施工标准化、规范化。建立城市轨道交通工程施工安全监控预警管理体系和评价标准，并将城市轨道交通工程施工安全纳入标准化、规范化管理。对现场施工质量通病提高认识、严格控制、规范验收，以确保城市轨道交通工程建设质量。如中建南方投资有限公司于 2014 年提出了《深圳市城市轨道交通 9 号线 BT 项目绿色施工实施规划方案》等。

3. 绿色运营维护

运营维护阶段是城市轨道交通工程绿色技术的集中展示阶段，也是对绿色规划、绿色设计和绿色施工实施效果的反馈评价阶段，此阶段将验证前述阶段所选用的各项绿色技术在城市轨道交通领域的适用性及实施效果。

通过调研发现，城市轨道交通的输送能力是道路交通输送能力的近 10 倍，而其每百千米的人均能耗仅为小汽车的 5%。但整体看来，城市轨道交通仍属于高能耗产业，拥有 300 km 城市轨道交通网的城市年用电量将达到 9 亿～15 亿 kW·h，电能费用占城市轨道交通运营费的 50%左右。城市轨道交通在运营维护阶段的能耗约占全寿命周期内能耗的 70%，是全寿命周期能耗的控制重点。

参照节能减排、绿色低碳等国家战略性要求，考虑城市轨道交通能耗分布特征，应注重设备综合节能技术。从列车交路模式、列车编组、列车牵引和通风系统（如可调通风型屏蔽门）、照明系统采取节能措施、信号系统互联互通、线路敷设方式优选、节能坡设置、综合节能管理控制系统技术（可达到 10%的节能效果）等方面引导城市轨道交通项目节约资源和能源。如济南城市轨道交通 R1 线采用了能馈式牵引供电装置（车辆牵引用电占城市轨道交通用电的 50%以上），可回收 20%～30%的能量，年节约电能达到 440 万 kW·h。

此外，住房和城乡建设部 2014 年底发布了《海绵城市建设指南——低影响开发雨水系统构建（试行）》，然后联合财政部、水利部开展了海绵城市建设试点工作。将城市轨道交通工程和海绵城市统筹规划、协同建设作为当前正在推进城市轨道交通工程建设的各个城市应积极响应、重点落实的工作之一。雨水收集和中水利用是当前海绵城市建设普遍采用的关键技术，也将广泛应用于城市轨道交通的高架区间、车辆段、停车场甚至车站工程的建设中。

4. 绿色管理

城市轨道交通建设项目受项目建设部、运营管理部就近化办公等因素的影响，存在部门协调复杂、工作交接困难、意见落实滞后等问题，应将绿色管理贯穿城市轨道交通工程建设和运营维护全过程，在常规管理（如设备运行管理、培训管理等）的基础上，充分利用信息化、物联网、云计算等先进技术，以提高工作效率，确保绿色环保目标的达成。如项目建设阶段，基于施工风险的动态演变机理，对施工全过程进行动态风险管理，利用物联网技术，对施工现场进行前端数据实时采集和监控管理。项目运营后，依托智能信息集成平台，结合集成分项能耗计量系统和节能管理系统，实现用能监督管理，针对地铁线网规模的不断扩大导致原有地铁自动售检票系统出现的建设成本高、资源利用率低、后期维护工作困难等问题，开发基于云计算技术的地铁自动售检票系统(CAFC)。

5. 绿色技术汇总

城市轨道交通工程是综合性极强的系统工程，可供选用的绿色技术较多。鉴于资源日益紧张和环境问题日益严重的客观事实，城市轨道交通建设及运营维护技术在满足安全可靠、功能合理的前提下，应对优先选择绿色技术。在对既有运营设备、设施改造维护时也应优选绿色技术。

当前常用的绿色城市轨道交通工程技术汇总见图 1-8，由于城市轨道交通工程的绿色技术是开放体系，技术内容将随着科技进步而不断充实、更新、完善。

绿色规划	绿色表现	绿色管理			
		绿色设计	绿色施工	绿色运营	绿色维护
轨道交通一体化、建设规模控制、海绵城市建设、线网优化、文物保护、环境保护、标准化	节地技术	车辆段上盖预留技术、高架设备泵房位置优化、线路敷设方式优化、主变电所资源共享、车辆段共享、出入口与周边建筑合建、无工作井始发	交通疏解优化		
	节水技术	雨水回收、中水利用、车站循环冷却水系统、真空排水系统	地下水回灌、封闭降水、施工期间雨水回收		
	节能技术	可调通风站台门、光伏发电、风光互补照明、车站采光、地源热泵、中压回馈能量回收、列车编组、LED智能照明、蒸发冷凝技术、变频技术、列车运营控制节能、节能型列车、新型发光材料	盾构选型优化、土体改良	无人驾驶技术、自动化停车场、互联互通	停车线列车维修
	节材技术	防水方案优化、桩基优化、桩墙合一、两墙合一、清水混凝土	水泥土注浆、钢套筒辅助接收、施工场地标准化、材料本地化		
	环境保护技术	工法优化、高架-地下段选择优化、大尺寸预制构件、高架区间预制盖梁、真空管井复合降水	物联网感知、预备注浆系统、微扰动爆破、微扰动穿越、全封闭厂棚	列车减振降噪	渗漏水照相识别
	环境友好技术	高架区间U型梁、疏散平台模板化、车站环保材料、自动化监测、远程实时监控	场地与城市特色相融、微震突涌水探测		
	可持续发展技术	大直径盾构管片、轨道交通接口预留、轨道交通同期实施、与其他市政合用共建、透水地面	弃土资源化再利用、建筑废弃物资源化再利用、落地混凝土再利用	地铁WLAN覆盖、自动购票	管片病害微胶囊修复
	其他技术	BIM技术、混凝土型号优化、新型混凝土材料、地质信息化平台、建设运维一体化服务平台、遥感遥测+GPS技术、杂散电流处理、车站模块化	轨道交通装备研发、大订单采购、控制价招标、超前预报技术		
纲领阶段	绿色技术表现阶段			绿色反馈评价阶段	

图 1-8 绿色城市轨道交通工程技术汇总

四、绿色城市轨道交通的发展趋势

我国城市轨道交通工程正逐渐转变发展模式，在技术领域、建设管理和运营维护等方面进行了一系列创新性的尝试，正迈向节能减排、绿色低碳发展的创新之路。然而，以下几方面仍需进一步深化。

1. 绿色技术高效集成

当前城市轨道交通工程采用的绿色技术多是针对某个细节出发，缺乏系统性和高效集成性，导致绿色技术应用较为分散、实施效果欠佳且不具有推广示范效应。下一步应结合城市轨道交通工程规划、设计、建设、运营维护全过程，对城市轨道交通工程的绿色技术进行补充完善，注重各绿色技术的关联性，并对绿色技术进行高效集成。如济南城市轨道交通R1线科技示范工程实现了建设、运营维护阶段30余项绿色技术的集成示范。

2.新工艺工法创新及应用

城市轨道交通工程绿色技术的实施效果受工艺工法的制约，针对当前建造及运营技术存在的通用性差、能耗高等不足，应积极开展新工艺工法的创新研究和推广应用。如针对城市超浅埋隧道施工时衬砌管片上浮、地表变形过大等问题，采用一种对上部交通影响小、产业化水平高、环境污染小的绿色快速装配式区间隧道施工新方法。

3.大型绿色施工装备研发

城市轨道交通工程的生产设备大多由于片面追求经济效益而忽略安全性、环保性和信息化，施工导致的环境破坏、人员伤害等情况频发。针对城市轨道交通建造机械适应性差、施工风险高等缺陷，应积极开展大型绿色施工装备的研发工作，研发城市轨道交通工程产业化技术及其产品，推进地下工程产业化。如开发一种集压桩、接桩和注浆整个成桩工艺过程于一体的智能桩机设备，并结合大尺寸预制桩进行推广应用，既节省空间、设备成本，又提高工作效率。

4.绿色评价体系构建

当前绿色城市轨道交通工程的评价体系多是仅针对某一工程阶段或分项，不能对全寿命周期内的绿色城市轨道交通工程技术做综合性评价。如利用基于联系数的区间多属性城市轨道交通绿色施工方案评价模型对各绿色施工方案进行评价，构建了城市轨道交通工程绿色施工评价层次结构模型及内容、指标权重、评价基准和评价方法。因此，应积极落实基于全寿命周期的城市轨道交通工程绿色评价体系的构建，以便于采用统一方法对绿色技术的实施效果进行评价分析。

第三节 城市轨道交通工程的绿色低碳发展策略

当前，我国城市轨道交通工程仍处于快速发展阶段，并继续保持增长态势，其能源消耗和碳减排压力仍将与日俱增。在分析我国城市轨道交通发展机遇、发展现状、工作基础和面临问题的基础上，提出城市轨道交通绿色低碳发展的目标、重点任务和策略，可为城市轨道交通加快绿色低碳转型、挖掘节能减排潜力、提高能效水平、推进城市轨道交通行业做好“碳达峰、碳中和”工作提供借鉴。

一、绿色低碳是城市轨道交通的发展机遇

《中共中央 国务院关于完整准确全面贯彻新发展理念做好碳达峰碳中和工作的意见》和《2030年前碳达峰行动方案》的发布，为实现“碳达峰、碳中和”目标制定了时间表和路线图，标志着碳达峰、碳中和的政策体系正式建立，对中国城市轨道交通的发展和转型产生深刻的影响。

据中国城市轨道交通协会统计，截至 2021 年 12 月 31 日，中国大陆地区（不含港澳台地区）共有 50 个城市开通城市轨道交通（其中包括超大城市 7 个，特大城市 14 个，大城市 19 个），投运线路总长度 9192.62 km，其中地铁线路长度 7253.73 km，占比 78.9%。从网络规模来看，北京、上海、广州、深圳、成都、南京的开通运营线路均在 10 条以上，已逐步形成超大线网规模，未来发展以线网优化为主；杭州、天津、武汉、大连和长春等城市开通的运营线路超过 5 条，线路网络初具规模，未来几年仍存在较大的发展空间。未来城市轨道交通建设仍将处于迅速发展阶段。

《中共中央 国务院关于完整准确全面贯彻新发展理念做好碳达峰碳中和工作的意见》提出要积极引导低碳出行，加快城市轨道交通等大容量公共交通基础设施建设，明确了绿色低碳、碳达峰、碳中和背景下城市轨道交通的定位，指明了城市轨道交通的发展方向。绿色低碳是城市轨道交通发展的重大机遇。

二、城市轨道交通绿色低碳发展面临的挑战

据统计，交通运输行业的碳排放量占全国碳排放总量的比例在不断升高，2017—2019 年占比从 9%升至 12%。全国城市轨道交通总能耗在 2018—2020 年也呈增长态势，分别为 132.12 亿 kW·h、152.6 亿 kW·h、172.4 亿 kW·h，平均人千米能耗分别为 0.181 kW·h、0.155 kW·h、0.116 kW·h；国内新开通城市由于客流处于培育期，平均人千米能耗高于国际平均水平。城市轨道交通的能耗总量需求很大，绿色低碳发展面临诸多挑战。

1. 不同城市碳排放差异大

总体来看，不同城市的城市轨道交通碳排放差异较大。考虑目前的城市轨道交通网络的存量规模和发展态势，结合各地经济发展和城区人口数量因素，未来不同城市的城市轨道交通碳排放趋势会呈现以下差异。

（1）对于城市轨道交通已形成超大线网规模的城市，其经济发展水平高且城区人口数量大，未来城市轨道交通的碳排放量将稳步达到峰值，但随着其他交通方式碳排放量的减少，城市轨道交通的碳排放占比会继续上升。

（2）对于城市轨道交通线网已成规模的城市，其经济发展增速较快、城区人口流入较快，城市轨道交通近期还将快速发展，因此碳排放量在短期内仍将快速上升冲顶达峰。

（3）对于目前城市轨道交通线网尚处于形成阶段的城市，随着城市化进程加快，其经济发展和城区人口流入均面临大幅增速，未来城市轨道交通将长期处于快速发展阶段。

（4）对于城市轨道交通处于起步阶段的城市，目前线网尚处于构建阶段，但经济发展和城区人口的增长空间有限，因此城市轨道交通的碳排放量增幅缓慢。同时，由于客流形成规模时间较长，降低平均人千米碳排放强度的难度也较大。

2. 粗放型发展方式亟待转变

从全寿命周期考虑，城市轨道交通节能降耗仍有较大空间。以建设阶段为例，在车站及区间的土建施工阶段，在采用明挖、暗挖、盾构、盖挖等多种工法的施工过程中，电动机械应用占比不高，自卸汽车、挖掘机、装载机等燃油机械在整个施工机械设备台班中占比较高，施工过程中机械设备直接碳排放量较大。因此，施工机械亟待实现电动化、清洁能源化。

3. 绿色建筑和装配式建造技术亟待推广

绿色建筑是按照绿色发展的要求，通过科学管理和技术创新，采用有利于节约资源、保

护环境、减少排放、提高效率、保障品质的技术，实现人与自然和谐共生的工程建设活动。在绿色认证方面，城市轨道交通获得绿色建筑认证的案例偏少，仅上海、广州等城市的部分城市轨道交通线路车站获得过绿色认证，认证数量占比较小，国内尚无全线通过绿色认证的线路；在装配式建造方面，仅个别城市的几个车站主体结构采用了装配式建造技术，如长春 2 号线双丰站、青岛 6 号线黄海学院站及富春江路站、无锡锡澄 S1 线南门站、3 号线高浪东路站等，尚处于试点阶段。

4. 绿色可再生能源亟须再开发

城市轨道交通线路高架、地面车站，停车场，车辆段等采光充足的场站，有大量屋面面积可进行太阳能资源的开发利用，但是目前开发利用率还很低，仅北京、上海、重庆等部分城市轨道交通线路有开发应用，太原、宁波等地正在筹划应用光伏发电系统。

5. 城市轨道交通绿色低碳标准体系亟待健全

城市轨道交通绿色低碳发展缺乏完善的技术、法规和标准支撑，城市轨道交通绿色低碳标准体系不健全，特别是与碳达峰、碳中和直接相关的标准亟待制定，如温室气体核算类、温室气体监测类、温室气体排放限额及绩效类、低碳技术类标准，低碳技术评价类标准、碳中和评价标准，碳信息披露指南，碳排放专项法律、法规以及其他相关标准等。

三、城市轨道交通绿色低碳发展的工作基础

相比于公交车、小汽车等交通工具，城市轨道交通以电力为牵引动力，具备直接碳排放少、能效高、污染低、运量大等特点，是绿色交通方式。目前，在全行业共同努力下，城市轨道交通在规划设计节能、运营管理节能、绿色可再生能源应用、装备制造节能等方面采取了很多措施，具有较好的基础。

在规划设计节能方面：线路在中心城区外围优先选择高架或地面敷设，设置节能坡，车站系统整合机房控制土建规模，部分城市开展绿色建造技术试点。

在运营管理节能方面：采用多交路行车组织方式，减少列车空驶；优化节能运行图和采用节能运行模式；车站照明、通风等机电设备采用时间表控制；加装能源管理系统，对能耗数据进行分类、分项和分户统计；推进新建线路乘客服务体系建设和既有线路服务体系提升改造，提高乘客服务的便捷化、舒适化、智能化水平，引导乘客乘坐城市轨道交通。

在绿色可再生能源应用方面：自 2013 年起城市轨道交通领域最早的分布式光伏发电应用案例——北京地铁 14 号线张郭庄站光伏发电项目成功投用，至今已有多个城市开始筹划利用停车场、车辆段和地面线车站屋面的空间资源，开展分布式光伏发电技术应用。投入使用的光伏发电项目基本实现本地消纳，应用效果和节能效果良好。

在装备制造节能方面：车辆系统采用合理车型，车体轻量化，客室采用 LED 照明及智能照明，空调采用变频及温度智能控制，试点应用永磁牵引技术，提高了列车牵引效率，降低了牵引能耗。牵引供电系统合理设置交直流网络、供电分区，选择非晶合金变压器，设置再生能量吸收装置及储能装置，提高再生电能利用效率。通风空调系统采用群控系统、风水节能控制系统，实现车站通风空调节能运行，如北京试点采用了直膨式和蒸发冷却制冷系统。动力照明采用 LED 节能光源、直流照明供电、智能照明控制等技术实现节能。

四、城市轨道交通绿色低碳发展的目标

应贯彻落实国务院《2030年前碳达峰行动方案》，以技术创新、管理创新和装备创新为主导，充分考虑行业发展和绿色低碳转型特点，确定行业的绿色低碳发展目标。应充分发挥城市轨道交通绿色出行的优势和其在城市交通体系中的骨干作用，坚持系统观念，有力、有序、有效推动形成城市轨道交通绿色发展方式。积极推动绿色城市轨道交通和零碳城市轨道交通示范线的创建，加强城市轨道交通建设期生态环境保护，强化城市轨道交通运营期节能减排和污染防治，助力上下游供应链减排，将节能减排、便捷乘客、提高效率的原则贯穿城市轨道交通规划、设计、建设、运营、维护全寿命周期及全产业链中，建立完备的技术标准体系，准确把握城市轨道交通绿色低碳发展方向，确保如期实现2030年碳达峰、2060年碳中和的目标。

2025年城市轨道交通绿色低碳发展目标可包括以下内容：初步建立绿色低碳发展体系，完善碳达峰、碳中和专项行业标准、法规，确保城市轨道交通行业能源利用效率大幅提升，城市轨道交通绿色低碳技术研发和推广应用取得新进展，节能率普遍提高；综合能耗强度比2020年下降10%以上，城市轨道交通绿色出行比率得到显著提升。

2030年城市轨道交通绿色低碳发展目标包括：全行业绿色低碳发展转型取得显著成效，绿色低碳智能发展模式、绿色低碳关键技术和设备研发取得突破，建立完善的城市轨道交通绿色低碳发展体系；城市轨道交通行业能源利用率达到国际先进水平，综合能耗强度比2020年下降15%以上，城市轨道交通绿色出行比例得到大幅提升。

五、城市轨道交通绿色低碳发展的重点任务

基于城市轨道交通绿色低碳发展现状和总体目标，城市轨道交通行业应把自身优势和国家政策相结合，在制度建设、关键技术、创新技术上下功夫，将绿色低碳理念贯穿规划、建设、运营全过程，覆盖城市轨道交通上下游全产业链的各个方面，围绕以下重点任务开展工作。

1. 强化规划引领，发挥城市轨道交通低碳出行优势

充分发挥绿色规划理念的引领作用，将绿色规划理念贯穿城市轨道交通规划、制式选择和工程设计的全过程，将绿色低碳理念纳入城市轨道交通线网规划和项目规划，同步推进城市轨道交通的智慧化和绿色低碳规划。推动开展城市轨道交通绿色低碳专项设计方案论证，从源头引导城市轨道交通按照绿色设计建造标准进行工程规划、设计，合理确定土建规模，应用装配式技术、电动化施工机械等低碳绿色施工技术和装备开展施工。深化城市轨道交通规划布局，推进TOD开发，促进城市轨道交通和城市建设的一体化协同，科学制定规划建设方案，推进“四网融合”，拓展城市轨道交通客流强度导向。推进城市轨道交通既有线网加密改造、节能改造和乘客服务智慧化建设，与碳普惠相结合改善出行体验，发挥城市轨道交通低碳出行优势，系统提升城市轨道交通出行竞争力。

2. 优化运营管理体系，提高运营能效

优化目前城市轨道交通运营方式和组织模式，推进网络化柔性运营。构建网络化运营管理平台，推广高效运营组织模式，实现运能运量精准匹配，采取管理优化和既有设备设施改造并举的节能措施。优化运营组织模式，采用多交路行车组织方式，推广应用列车节能运

行图，采用灵活编组、虚拟编组和夜间存车线停车的运行模式，提高运输效能。多措并举，提升列车再生能量利用率，提高能源利用效率。针对客流变化情况，对车站重点耗能机电设备（扶梯、通风空调、照明）采取分时、分区域的运行策略，降低运营能耗。

3. 开发应用新一代技术装备，加快城市轨道交通绿色升级

在持续推广成熟绿色节能技术装备的基础上，推进城市轨道交通基础设施和装备的绿色升级，建立淘汰产品清单，推动基础设施与装备的绿色设计及评价。大力推动新一代绿色智能技术装备的研发应用，聚焦灵活编组和智能调度的新一代列车运行控制系统，运用永磁牵引技术和轻量化材料的简统化车辆，基于双向变流技术的新一代柔性牵引供电系统、再生制动能量储馈吸收、大空间空调通风一体化、直流照明供电、智能照明控制，将新一代储能、光伏与城市轨道交通供电系统融合，构建“源、网、荷、储”一体化的城市轨道交通能源互联网等技术及装备，提高能源利用效率。

4. 构建智能能源体系，系统管理用能和排放

健全城市轨道交通行业能源监测管理体系，完善城市轨道交通能耗统计监测和计量体系，加强二氧化碳排放统计核算能力建设。充分运用智慧城市轨道交通建设成果，基于城市轨道交通云平台，构建城市轨道交通企业线网级智能能源管理平台，以数据融合为基础，实现能耗和排放数据的自动计量采集、超标准用能及排放设备设施的自动识别，研究能耗和客流的耦合关系，建立能源系统动态管理模型，建立运营综合场景的能耗关联指标体系，提升城市轨道交通能耗计量和碳排放监测的智能能源管理的能力，提升城市轨道交通能源智能决策水平。

5. 同步开发可再生能源，增加自身碳抵消资源

引入太阳能、地热能等绿色可再生能源，充分利用车站及车辆场站的建筑条件，以自发自用为导向，因地制宜地全面推进、开发、利用光伏发电，推广光伏建筑一体化，促进光伏发电与城市轨道交通供电系统相结合，构建多元化清洁能源供应体系，增强城市轨道交通自身的消纳能力。鼓励因地制宜采用地源热泵及空气源热泵系统，扩大氢能源在城市轨道交通工程车辆、维护作业车上的应用，全面优化城市轨道交通的整体用能结构，推进城市轨道交通清洁能源化、绿色低碳化发展。

6. 完善用能和节能标准体系，加强制度和法律法规管理，实现能耗的精准管控

健全绿色低碳标准规范体系，针对各设备系统专业建立能耗等级评定标准，面向车站运行建立分专业、分功能、分区域的差异化、定量化的能耗指标和法规体系。及时更新、修订现有标准，提升绿色标准的适应性。抓紧制定一批能耗限额、产品设备能效标准，加快完善行业、企业、产品等碳排放核查核算报告标准，建立统一规范的碳核算体系，并完善低碳产品标准标识制度。

7. 积极运用政策工具，建立绿色低碳发展动力机制

积极发展绿色低碳金融产品，充分利用国家碳减排货币政策工具，为城市轨道交通提供稳定的绿色金融支持，提高资金效益。做好数据质量把控，建立健全碳排放报告和信息披露制度，积极参与碳排放权市场交易，通过碳交易市场获取收益，促进城市轨道交通企业低碳技术革新和低碳转型。积极运用市场化节能减排机制，引入市场化节能方式，推进合同能源管理模式，调动社会资本参与用能系统节能改造和运行维护。

第四节　绿色低碳技术在城市轨道交通工程中的应用现状与发展趋势

碳达峰、碳中和对城市轨道交通行业而言，既是挑战也是机遇，更是城市轨道交通行业面临的历史性任务和重大战略，关系到城市轨道交通规划、设计、建设、运营、维护等全寿命周期和上下游全产业链的高效、绿色、高质量可持续健康发展。

一、城市轨道交通绿色低碳技术的应用现状

城市轨道交通是大容量的公共交通基础设施，是引导及承载城市居民低碳出行的骨干交通方式。在碳达峰、碳中和上升为国家战略的背景下，为响应国家的号召，本书面向城市轨道交通绿色发展领域，在对绿色低碳技术按照其在全寿命周期各阶段的应用进行分类阐述的基础上，从绿色建设、绿色行车、绿色运营、绿色管养、绿色评价五大场景出发，构建城市轨道交通绿色低碳技术体系，并提出展望，以期为促进城市轨道交通绿色、低碳、可持续发展提供参考和借鉴。

交通运输行业处于能源消费的末端，降低交通领域碳排放不仅在于领域自身，而且涉及交通运输行业的全产业链条。在城市轨道交通领域，可将现有绿色低碳技术按照规划设计、施工建设、装备制造、运营维护等全寿命周期各个阶段进行划分。

1.规划设计阶段

中国幅员辽阔，各城市交通运输结构、气候特点不尽相同。针对城市所在地区的自然条件及线路特点，提出合理的节能设计方案，可为后期运营节约大量能源。城市轨道交通节能设计包括以下方面。

(1)建筑节能设计。

合理规划和控制车站及附属建筑规模，控制城市轨道交通建筑能耗总量；采取适宜的建筑形式和系统设计，优化地下车站站台、出入口、隧道、风井等设计方案，通过调整出入口风压、提高采光系数等降低车站机电系统负荷。

(2)线路节能设计。

路网规划超前于城市发展，应充分考虑资源投入、环境承载力等因素，建立高效换乘系统，提升城市轨道交通可持续发展能力，引导城市向多中心发展转型；设计线路节能坡，通过设置合理的进出站坡度、泵站位置，减少列车牵引用电等能源消耗；在城市非中心区域优先设计高架或地面车站，控制车站能耗总量；设计正线停车、存车线停车等方案，降低列车空驶能耗。

(3)设备设施节能设计。

传统供电系统结构下，采用电阻吸收列车再生制动能量不仅造成能源浪费，还可能导致隧道升温等问题。目前，行业普遍利用中压能馈系统，降低供电系统电能损耗；通过优化列车再生制动能量回馈吸收方案，如增设超级电容储能、飞轮储能、双向变流等装置，提升能源利用率。

2. 施工建设阶段

城市轨道交通施工建设阶段的能耗主要产生于建设需求所导致的原材料开采、建材生产、运输及现场施工环节。为实现上述各环节的绿色低碳，可采用以下技术。

(1)优先选用高强度、高性能、耐久性强、耐腐蚀、抗老化材料，延长车站等建筑的使用寿命，降低部件更换频次，从长远角度降低原材料生产运输安装消耗，实现源头减碳。

(2)加强装配式建造技术的研究与应用推广；实现施工临时设施与永久性设施的结合利用；选用高效的安装工法与安装工序，减少现场支模和脚手架搭建。

(3)采用工程总承包、全过程咨询等组织管理方式，促进设计、生产、施工深度协同，整体提升建设管理集约化水平。

3. 装备制造阶段

城市轨道交通装备是城市轨道交通运输的主要载体，也是其能源消耗的重要因素。加强新一代绿色智能技术装备的研发、制造和应用，提高城市轨道交通装备的能源利用效率，是实现城市轨道交通绿色化、低碳化发展的必由之路。城市轨道交通装备低碳技术主要包括以下方面。

(1)柔性供电技术。

除选用能耗相对较低的电压制式、高效低耗的电气设备外，以中压能馈装置为代表的"能馈型再生能利用技术"和以锂离子电池为代表的"储能型再生能利用技术"得到了广泛应用，两者均能达到较好的节能效果，但也存在影响安全和效率等问题。在此背景下，基于新型再生能利用产品的柔性供电技术为供电专业装备制造节能发展提供了以下新思路。

①双向变流技术。该技术可在实现传统中压能馈装置功能的基础上，有效改善电能质量，增强系统可控性，达到更好的节能效果，目前已在宁波地铁 5 号线、绍兴地铁 1 号线、呼和浩特地铁 1 号线等线路实现应用。

②新型电力储能装置。化学储能(蓄电池)、机械储能(飞轮储能)、电磁储能(超级电容)等新型电力储能技术在行业内均有应用案例，但在平衡容量、功率、效率、使用寿命及成本等因素与城市轨道交通建设、运营实际需求方面仍存在优化空间。

(2)车辆节能技术。

城市轨道交通车辆主要通过永磁牵引、轻量化等技术实现节能优化。其中，永磁同步电机具有高效率、高功率密度、强过载能力等优点。与传统异步牵引系统相比，使用永磁牵引系统的列车每千米节能率可达 32%。

(3)新型动力电源技术。

在动力电源方面包含以下新型技术。

①通过技术迭代升级，从提升能量转换效率、降低设备能量损耗的角度实现节能。例如，武汉地铁实施车辆和车站照明系统改造，采用 LED 照明光源，年均节省电量超过 80 万 kW·h；深圳地铁 9 号线应用光导照明系统，日均节省电能预计可达 200 kW·h；洛阳地铁 1 号线车站采用磁悬浮直膨式空调机组，相较于传统车站，单站每年可节约电量 35 万 kW·h 以上。

②补强用能感知能力，通过施加智能控制策略实现对设备设施控制策略的优化。例如，宁波地铁"基于云平台的智能能源系统节能示范工程"应用智能变频控制的高效节能通风空

调系统、直流集中供电智能照明系统等节能技术，目前高效节能通风空调系统已进入稳定运行阶段，经试验证明其综合节能率可达30%；上海地铁4号线应用客室照明光敏控制节能改造方案，实际节能率约30%。

(4)运营维护阶段。

高效的运营管理与养护维修是推动城市轨道交通绿色低碳发展的重要途径之一。在运营维护阶段可通过以下方式提高城市轨道交通能源利用效率，实现绿色低碳目标。

①以智慧城市轨道交通关键技术为依托，实施网络化运营管理机制，实现运能和运量的精准匹配，形成节能高效的运营组织模式，提升出行效率及能源利用效率。

②通过优化单列车节能驾驶策略、优化列车运行图、实施多车协同节能运行控制等，提高列车再生制动能量利用效率，达到减小牵引能耗的效果。目前，北京地铁亦庄线、昌平线和深圳地铁7号线等国内多条线路均进行了单列车节能优化控制试验，但尚无成熟的工程应用案例；列车运行图优化、多车协同节能运行控制等技术仍处于理论研究阶段。

③引入绿色清洁能源。根据城市轨道交通占地与用能特点，分布式光伏发电技术已在城市轨道交通领域得到广泛应用，地源、空气源热泵和氢能源等技术也具有较好的发展潜力。

二、城市轨道交通绿色低碳技术的发展趋势

目前，中国城市轨道交通仍采用粗放型快速发展模式，为实现其绿色、低碳、高质量发展，亟须转型。未来，城市轨道交通绿色低碳技术在建设、行车、运营、管养共4个场景的发展方向如图1-9所示。

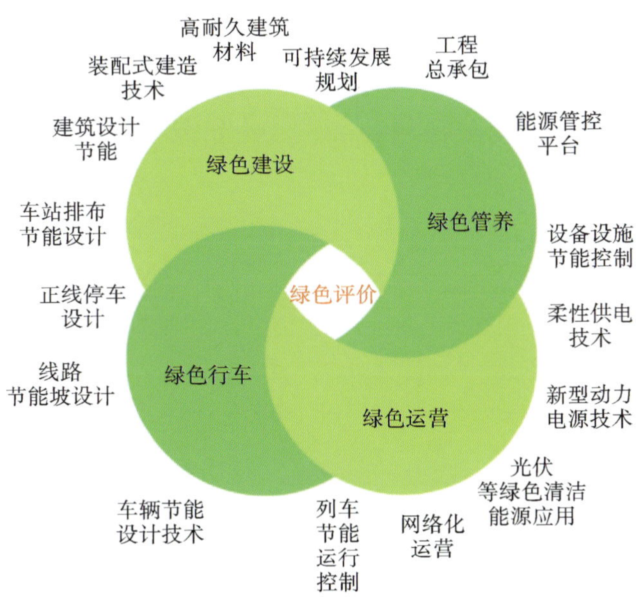

图1-9　城市轨道交通绿色低碳技术发展方向

1. 绿色建设

在双碳背景下，“智能制造”“绿色建造”成为建造领域的发展主题。未来，城市轨道交通将统筹考虑质量、安全、效率、节能、环保等要素，在设计、施工、交付全过程各阶段一体化协同落实绿色低碳技术。

(1)贯彻绿色、可持续发展设计理念，以最终节能效果为准则，制定场段、车站、线路、供电等全面节能优化设计方案，以驱动后序施工工法、设备选型、测试验收等达到预期节能效果。

(2)结合实际需求，运用建筑信息模型(BIM)等技术，推广装配式建造技术，采用高强低耗建筑材料，整体提升建造信息化、建材低碳化水平。

(3)实现建设机械电动化、清洁化，鼓励采用电网取电、插电混合动力、动力电池、燃料电池等电动工程机械装备，以“电”代“油”实现降噪、无尾气、智能化效果。

(4)建立涵盖设计、生产、施工等各阶段的协同管理机制，前置谋划生产、施工各方的用能过程管理，提高工程绿色建设水平。

2. 绿色行车

为降低城市轨道交通车辆运行能耗、提高其能源利用效率，应从打造基于多元化清洁能源的绿色节能供电系统、研发集成多种低碳技术的绿色“简统化”车辆、实施绿色低碳的列车运行控制 3 方面着手，协同实现城市轨道交通的绿色行车。

(1)打造基于多元化清洁能源的绿色节能供电系统。一方面，搭建基于双向变流技术、新型储能技术的柔性直流牵引供电系统，在改善电能质量的同时，将再生制动电能回馈至电网，实现“节流”；另一方面，将分布式光伏发电等新能源技术与城市轨道交通供电系统相结合，降低城市轨道交通供电系统对于城市电网的供电需求，提升“绿电”比例，做到“开源”(见图 1-10)。

图 1-10 轨道交通线路旁的太阳能光伏板

(2)研发集成多种低碳技术的绿色“简统化”车辆。在城市轨道交通车辆中引入新型储能车载动力装置、永磁同步电机、高频辅助变流器、节能空调系统、智能照明装置等高效节能技术装备，并采用铝合金、碳纤维等轻量化材料，实现轻量化结构设计，以提升整车的节能水平。

(3)实现绿色低碳的列车运行控制。采用高效的运营组织模式,精准匹配运能与运量,实现网络化运营;采取多车协同节能运行控制策略,与柔性供电技术相结合,在保证电能质量的基础上提升列车再生制动能量利用率;充分应用线路节能坡设计方案,推广灵活编组、正线停车等提高运输效能的新模式。

3.绿色运营

在绿色运营方面,应打造"光伏+储能/蓄电池+直流配电+智能充电桩"的柔性用电车站建筑。柔性供电技术可实现对输电系统相关参数的灵活调节,使输电线路的输送能力提高、故障影响降低,提升电力系统的灵活性和稳定性,近年来已成为能源互联网发展的必然趋势。例如,天津轨道交通集团有限公司"基于绿智融合技术的城市轨道交通光-储-直-柔示范工程"规划了光伏发电系统、储能系统、直流配电系统与双向变流技术相融合的城市轨道交通绿色低碳系统解决方案,其具体举措如下。

(1)采用建筑光伏一体化技术,充分利用城市轨道交通车站及附属建筑的屋顶和垂直外表面、人行天桥、疏散平台、沿线边坡等可用场地发展光伏发电,并将光伏发电产生的电能优先用于车站建筑自身的用电需求。

(2)车站建筑采用直流母线供电,通过 DC/DC 转换与智能调控装置调节用电功率,实现"柔性用电"。

(3)设置储能或蓄电池装置,调节峰谷电能,实现光伏发电与城市电网的协同,增强用电可靠性。

(4)推进智能充电桩与车站建筑内部配电系统的一体化建设,实现城市轨道交通向城市电网供电,有助于解决城市客运"最后一公里"问题。

(5)采用直流式、智能化的照明、电扶梯、通风空调系统,试点节能列车运行控制模式,在实现电能消耗最小化的同时,确保乘客舒适性,吸引公众选择城市轨道交通出行。

4.绿色管养

在城市轨道交通设施设备养护维修及能源管理方面,应推广故障预测与健康管理技术(PHM),建立能耗管理工作机制,研发城市轨道交通能源管理平台,对城市轨道交通设施设备的运行状态、能耗状况进行实时监控、动态管理,以实现其绿色管养。

(1)以城市轨道交通设备设施养护维修为基础,基于全域设备设施 PHM 技术,建立能耗管理工作机制,实现对城市轨道交通建筑物、关键系统、设备设施等的寿命监测、故障诊断与状态评估,形成设备设施能耗台账,解决能耗统计边界不清、跨部门数据收集困难等问题。

(2)研发城市轨道交通能源管理平台。在实现能源管理基础功能的同时,与综合监控系统(ISCS)、电力监控系统(PSCADA)等既有的能源相关管控系统进行交互、集成与深度融合,基于大数据、物联网、云平台、人工智能、移动互联网等先进技术,结合客流量等城市轨道交通运营特征指标,研究行车组织、运营场景、客流量乃至城市交通结构与城市轨道交通能耗之间的关系,与工程总承包、全过程咨询、柔性供电等单位的节能管控技术配合,实现能源动态管控,支撑城市轨道交通节能效果评估与决策。

5.绿色评价

建立城市轨道交通绿色绩效评价体系,应注重增强城市轨道交通绿色低碳转型成效评价的全局性、系统性,可分别从途径、层次、过程 3 个维度出发开展城市轨道交通绿色绩效评价，使其面向绿色建设、绿色行车、绿色运营、绿色管养各个环节，覆盖从政府到城市轨道交通企业的各层主体，贯穿城市轨道交通绿色低碳转型全过程(见图 1-11)。此外，应开展能耗统计监测，汇集全国城市轨道交通能耗和碳排放相关的基础数据，建立产业链数据共享机制和数据库，提升城市轨道交通行业绿色节能决策与管理的科学性。

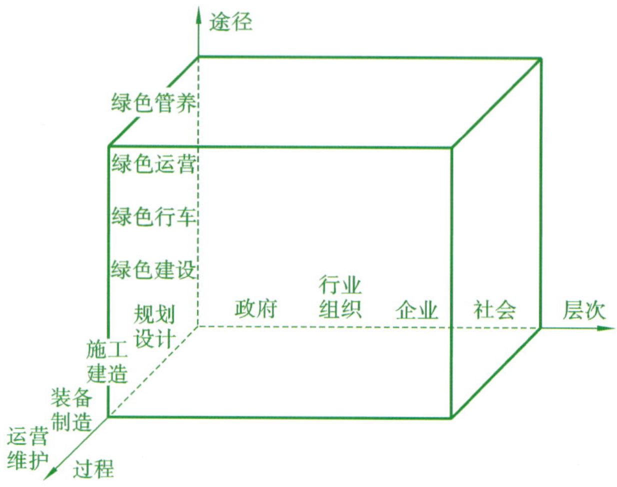

图 1-11　城市轨道交通绿色绩效评价维度图

当前，我国各地城市轨道交通发展水平存在较大差异，现有建设及运营模式亟待向节能低碳目标转型升级，管控与评价体系亟须完善，部分先进绿色低碳技术应用路径不够清晰，仍有一些电力、制造业等领域的国外先进技术未引入应用，因此城市轨道交通绿色低碳转型仍面临诸多挑战。

同时，双碳对城市轨道交通行业而言，既是挑战也是机遇，更是其面临的历史性任务和重大战略，关系到城市轨道交通规划、建设、运营、维护等全生命周期和上下游全产业链的高效、绿色、高质量可持续健康发展。城市轨道交通行业应着眼目前现状和未来发展的全局，统筹谋划、顶层设计，全面践行绿色低碳发展理念，加快自身的绿色低碳转型，结合城市轨道交通特征，做好双碳目标制定、技术引领、政策扶持等宏观战略部署，坚持自主创新，攻克城市轨道交通绿色低碳转型的关键核心技术，加强上下游产业协同，挖掘城市轨道交通节能减排潜力，并进一步推进智慧城市轨道交通技术与城市轨道交通绿色低碳业务深度融合，以智慧智能赋能城市轨道交通绿色低碳发展目标，为双碳战略的有效实施贡献力量。

第五节　城市轨道交通工程的智能化及可持续发展的应用现状与发展趋势

随着我国经济的发展和城市化进程的加快，城市轨道交通因其高效、环保等特点，成为解决当前城市居民出行问题的主要手段。近年来，我国城市轨道交通建设飞速发展，然而也带来了诸多挑战，例如，如何更好地满足乘客对城市轨道交通服务提出的多样化需求，如何管理和维护数量不断增长的各类系统设备及设施，如何减少建设和运营过程中能源的消耗，如何降低成本等。逐渐兴起的物联网、大数据、人工智能、云计算等新技术为应对这些挑战创造了契机。为实现城市轨道交通的智能化及可持续发展，当前整个行业都在探索城市轨道交通与智能化技术的深度融合，例如由中国城市轨道交通协会发布的智能示范工程就达21类之多。

一、城市轨道交通智能化

将信息化、大数据分析和人工智能(AI)等智能化技术应用到城市轨道交通行业的目的是使其管理更高效，在提高其运营、维护、安全和服务水平的同时降低成本。目前，城市轨道交通智能化技术应用主要涉及以下几个方面。

(1)提高系统的安全性、可用性和可靠性。例如，研制智能化列车，提高列车相关系统的自主在线诊断、自主运行控制以及远程控制能力；探究灵活编组列车的可实施性，以运营成本和乘客出行时间为优化目标，构建列车开行方案模型；实现信号系统的高稳定性、高可靠性及自主化生产。

(2)实现网络化运营调度。由于城市轨道交通线路数量不断增加，部分城市逐步构建了成规模的线路网络，为提升运输组织效率，要求对各条线路进行网络化运营。为此，需要应用更合理的优化算法和更可靠的通信技术，建立智能化的线网级调度指挥中心，实现线路间的联动及网络化运营调度。虽然目前部分城市已实现相同制式线路的共线管理，如上海地铁3号、4号线的共线运营，以及重庆市城市轨道交通多条线路列车的共线运行，但由于其中涉及变量甚多，需要建立的标准非常复杂，还需考虑配线设计和换乘等诸多条件，因此共线管理的大面积推广还需要时间和努力。

(3)采集多源客流监测数据，构建智慧客流分析及预测系统。依托物联网、城市轨道交通云、大数据平台及数据挖掘技术，动态监测客流状况，对采集的客流数据进行分析和处理，实现对短期、长期及特殊时期客流的预测、预警，并自动输出客流疏、导、管、控解决方案，如根据客流量确定列车每站的停靠时间、发车间隔和频次等。

(4)提升机电设备、车辆和轨道设施的自动化检测和诊断水平，促进设备设施的维保由“故障修”“计划修”向“状态修”“预测修”转变。基于状态感知、物联网、建筑信息模型、云计算及5G等技术，构建必要的在线监测、数据采集、传输和存储平台，建立数据与设备状态关联的知识图谱和运算模型，通过算法的不断优化、自学习和校准，实现对机电设备、车辆和轨道设施状态的科学诊断，并为诊断设定阈值，进而自动生成应急处置预警提示和维保计划。目前，将BIM技术应用从建设阶段扩展到运维阶段，搭建基于BIM的城市轨道交通基础设施运维管理平台已成为此领域的重要研究方向。

(5)实现安全保障工作的智能化。智能化巡检和综合监控技术的应用是当前城市轨道交通行业安全保障智能化的主要体现。例如，将激光雷达、雷达和图像自动识别等技术用于对隧道、道床、钢轨和扣件的自动化巡检，以及对侵入车辆限界异物的快速识别；研发安检自动判图软件以及基于视频的分析技术，以实现对大客流、火灾、治安事件等突发情况的预警提示，为城市轨道交通工作人员在特殊情况下做出快速准确的判断、采取合理的应对方案提供依据。

(6)实现服务的便捷化及人性化。例如，实现有闸机条件下的售检票电子化；基于状态感知、物联网等技术，构建智能环境控制系统，对车厢、站厅、站台的温度、湿度、灯光照度等进行智能调节，提高乘客的舒适度；推进基于实名制、个人信用体系的跨平台、跨场景乘车票务服务，利用生物识别、无感支付等技术，提高售检票及乘车的智能化水平；通过丰富终端设备的便民应用功能，聚合多平台出行服务内容，根据乘客出行需求定制化提供多种出行解决方案以及"职、住、憩、游"等方面的延伸服务。

二、城市轨道交通可持续发展

目前，城市轨道交通可持续发展措施主要聚焦在降低运营过程中的能源消耗，其主要涉及以下方面。

(1)各类节能设备、可再生能源技术的应用。在城市轨道交通领域，节能型照明光源及智能化控制系统、列车再生制动能量的吸收和利用、列车的"节能惰行"运行模式、列车的轻量化、永磁牵引技术的应用、根据环境感知实时进行变频调节的通风空调系统、变频自动扶梯、磁悬浮压缩机等是目前研究应用的焦点。此外，还有部分示范项目开始应用绿色能源发电技术，如太阳能、地热能及并网发电技术。

(2)城市轨道交通能耗计量技术的应用。由于目前在城市轨道交通前期施工及后期运营管理过程中缺乏全面的计量措施，因此建设和运营单位在评估城市轨道交通能耗时存在一定的困难。为降低能耗，需要完善各用能环节的能耗计量，从而为节能评估奠定基础。目前较为先进的能耗计量技术包括远程无人计量、物联网等。

(3)建立能耗评价指标体系，打造智能化能源管理系统。通过建立合理的能耗评价指标体系，结合数据挖掘技术，能够以采集的能耗数据为基础，对城市轨道交通用能进行精准分析，从而从"技术节能"和"管理节能"两方面不断实现优化。目前，虽然国家和一些地方已制定了相关的城市轨道交通能耗评价指标体系，但在数据采集和评价模式数字化尚未实现的现实条件下，此项工作还有待进一步完善。

三、城市轨道交通智能化及可持续发展的五大方向

1. 列车全自动驾驶

列车全自动驾驶是指通过列车自动控制系统实现列车自动唤醒、自动行驶、精确停车、站台自动化作业、无人折返、自动运行调整等功能，以减少人员介入，降低人工成本及减少人为失误。然而，目前该项技术还存在以下问题。

(1)尚无全寿命周期内的成本数据，无法进行成本比较。

(2)随着设施设备服役年限的增长，其可靠性会逐步降低，在缺乏合理管理和维护情况下存在的风险与人为失误造成的风险孰大孰小，目前难以评估。

(3)许多城市在中心城区均规划建设城市轨道交通线网，若在全自动运营线路上发生故障且不能快速恢复运营，势必对整个线网的运行造成影响。

因此，在城市轨道交通网络化运营的背景下，应在发展和完善全自动驾驶技术的同时，不断收集和对比相关数据，做好设施设备全寿命周期的运维管理，以确保其可靠性，并综合分析全自动驾驶线路的全寿命周期成本，通过数据证明全自动驾驶技术的价值。

2. 互联互通

城市轨道交通互联互通不只是实现设备接口协议的标准化和设备的信息互换，其实质

在于列车跨不同线路的过轨运行，这将改变原有城市轨道交通以单线为基础的行车调度指挥模式。互联互通具有以下两方面的优势。

(1)降低成本。

①互联互通不仅可减少整个线网的车辆数量，而且用于停放、维修和检测车辆的场地和设备也随之减少。

②由于互联互通线路的设备实现了标准化，因此可对车辆、供电、信号、站台门等系统进行规模化生产、采购、存储、安装、调试和维保，从而降低相关成本(其中包括人员培训、跨专业融合、工时均衡统筹等人力成本)。

(2)提高运输服务质量。

互联互通的实现能够减少换乘次数，缩短乘客乘车时间；采用快、慢车混跑的运营组织模式，可满足不同乘客的乘车需求，提高运输服务质量。然而，目前互联互通的实现受以下条件的制约。

①线路的互联互通适合在城市轨道交通的建设期统筹规划，最好是多条线路同时建设，并为其制定统一标准，以便实现最大的规模效应。

②制定的标准须具有前瞻性，原因在于先建线路一旦建成，后续线路也将采用与其相统一的标准，从而牺牲一定的灵活性，例如后续采用更经济、更适用技术的可行性会降低。

③已运营线路的互联互通改造宜在其进入大修期时统筹考虑，因此对于城市轨道交通线网已成规模的城市，实现的周期比较长。

④需要解决“跨线运营”问题。解决上述问题的根本方法是建立城市轨道交通行业统一的标准体系，为车辆、信号、供电和站台门等系统制定成套的统一标准，则城市轨道交通互联互通问题将迎刃而解。

3. 智能运维

智能运维是通过对设备状态数据进行采集、存储、加工，分析和判断数据信息与设备的健康状态是否吻合，并输出判断的结果，进而实现对维修策略的指导(见图 1-12)。其通过物联网和不同功能的算法模块实现，实现关键在于以下两点。

(1)搭建强大且可靠的数据采集及终端回馈系统，包括传感器、网络通信及数据库。

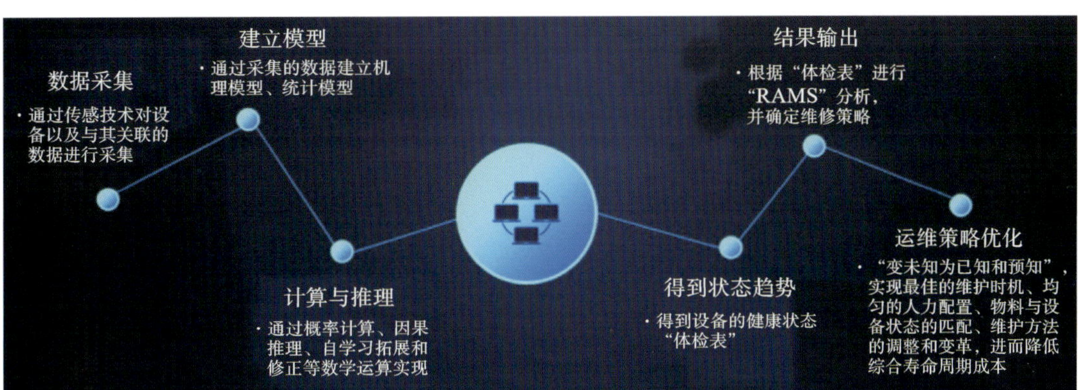

图 1-12　智能运维的内涵

(2)开发科学合理的分析算法,包括依据目标要求设计的数学模型和决策模型。

然而,目前城市轨道交通智能运维的实现面临如下挑战。

(1)采用大数据、云计算等技术的数据采集和存储系统耗资巨大,数据的广泛采集与有限使用的矛盾突出。

(2)投资与收益存在不匹配的情况。

(3)投资价值在不同的城市也不尽相同。

为解决上述问题,应当在建立智能运维基础平台之初就将数据应用作为主要方向,树立"数据采集是为输出成果服务"的理念,将数据与设备的可靠性、可用性、可维护性和安全性(reliability availability maintainability and aafety,RAMS)进行充分关联,在此基础上对维修策略进行调整和优化(即管理创新的驱动),找到基于 RAMS 的最优寿命周期成本(life cycle costs,LCC),并通过合理的 LCC 来保证 RAMS 的实现,最后形成 RAMS&LCC 最优方案报告,以指导城市轨道交通的智能运维。例如,天津地铁在搭建线网云的同时,提出加强信息化与运维业务双向融合的工作模式,通过双向融合、双向设计,缩短获得 RAMS&LCC 最优方案报告的时间。

4. 智慧服务

智慧的内涵是感知、记忆、理解、分析、判断、升华等能力,其在城市轨道交通行业里涉及最多的领域是服务与调度,如智慧客服、智慧安检、智慧应急指挥、一键开关站、客流监测与引导、无感支付等(见图 1-13)。目前,上海、广州和深圳等城市的城市轨道交通系统率先建立了智慧车站示范站,在行业里起到了良好的带动作用。中国城市轨道交通协会发布《中国城市轨道交通智慧城轨发展纲要》后,其他城市也在加快智慧车站的研究和建设。

图 1-13　智慧服务场景示例

然而,在加速城市轨道交通智慧化建设的同时,还需要认真思考"城市轨道交通智慧服务不是为智慧而智慧"这道命题,即需要对以下问题进行深入探讨。

(1)智慧解决了哪些问题。

(2)智慧满足了谁的需求。

(3)这些需求是否具有普遍性和迫切性。

(4)需求中是否混入“认为的需求”和“伪需求”。

(5)是否值得动用资源去满足所有的需求。

只有对上述问题有了深刻认识之后,才能明晰哪些智慧化建设举措应该继续加速推进、哪些需要缓行、哪些需要暂停等待、哪些需要适可而止,这样才能保证新技术在行业中具有长久的生命力。这是智慧化示范工程在城市轨道交通行业全面推广的阻力,也是目前行业需要思考的问题。

5. 节能减排

在城市轨道交通智能化发展进程中,节约能源、降低二氧化碳排放对于行业的可持续健康发展具有重要意义。目前,节能技术(如光伏、永磁电机、车辆轻量化、智慧照明、能源管理、风水联动等)在单个专业领域的应用较为深入,并已在一定范围内推广(见图 1-14)。实践证明,这些日趋完善的技术在起到节能减排作用的同时,还能够降低城市轨道交通全寿命周期成本。

(a) 光伏发电技术应用

(b) 永磁同步牵引电机

图 1-14　新能源技术应用

然而,目前节能新技术的推广速度仍比较慢,有以下 3 点原因。

(1)新建线路对建设期投资规模的重视程度高于 LCC。

(2)对运营线路进行技术改造的难度和成本远远大于对新建线路进行统一设计和选型。

(3)运营成本的压力加大了节能技术在运营线路推广的难度。

随着“碳达峰”“碳中和”被写入 2021 年《政府工作报告》,政策引领已经非常明确,在未来发展中,节能减排必将突破单个领域的限制,系统地纳入城市轨道交通全产业链。

第六节　BIM 设计在城市轨道交通工程中的应用现状及发展趋势

BIM 技术最早是在美国提出的,并且经过了多年的不断优化和完善。美国针对 BIM 技术制定了专门的发展方案。2007 年,美国政府在针对 BIM 技术的研发工作中投入了大量的人力物力,并将其设定为专门的研发项目进行研究。历经了一年的完善创新之后,美国于 2008 年针对 BIM 技术的运用制定了专门的标准。到了 2009 年,美国逐渐开始将 BIM 技术引入大规模的公共建筑工程施工工序之中。在这一形势的影响下，日本也开始对 BIM 技术进行研究，并在全国范围内各个领域中进行实践运用，现如今日本 BIM 技术历经了十余年的发展已经达到了较为成熟的水平。

与其他发达国家相比，我国的 BIM 技术研发相对滞后。城市轨道交通工程因为工程持续时间较长、涉及专业多、施工条件复杂等原因不能直接使用目前我国已有的各类行业标准、软件平台等，必须要进行二次开发工作，因此，为了使 BIM 技术在我国城市轨道交通行业中更好地发展，有必要对其存在的问题及相应的研究成果加以整理、分析，为后续工程提供经验。

一、BIM 概述

BIM 的实质是建筑结构信息模型，是将数字化和信息化资源加以切实运用，构建出完善的建筑结构模型，能够覆盖整个工程结构的所有信息。通常情况下，建设过程中工程结构信息模型文件都是由施工方进行保管的，直到工程完工交付之后才会转交给运营方，为后续维保工作的开展给予指导。在各个环节中所有的工程参与方都可以对工程结构信息模型进行修改，业主和监理机构借助模型信息可以对工程各个环节进行监督管控。BIM 技术所具有的最为突出的优越性就是能够集中对信息文件进行存储，为信息模型的构建给予实时帮助。

在城市轨道交通工程中运用 BIM 技术，能够有效提升施工的质量和效率，保证各项工作能够按照既定的计划进行，并为后期维保工作的顺利开展创造良好的基础；能够对工程造价进行合理的控制，促进各个施工参与方通力协作。

二、BIM 技术在城市轨道交通中的应用现状

BIM 技术在国内城市轨道交通行业的应用正在迅速扩展。除了北京、上海、广州、深圳四大一线城市，二、三线城市的城市轨道交通项目中也大规模应用了 BIM 技术。

1. 北京城市轨道交通 BIM 应用情况

北京地铁 10 号线二期工程建设项目中应用 BIM 技术对整个工程周期进行了管理。在初步设计阶段，车站的建筑、结构、机电以及其他相关专业均进行了 BIM 建模；在施工图设计阶段，进行了管线综合深化、碰撞检查、工程量统计、施工模拟交底；在工程施工阶段，对施工进度进行了跟踪管理，实现了整个周期的信息化管理。

2. 广州城市轨道交通 BIM 应用情况

广州地铁集团已经建立了企业级的 BIM 体系，主要包括企业 BIM 能力调研、企业 BIM 战略制定、BIM 应用后的流程再造、建模标准、交付标准、编码体系、软硬件及网络选择、招标文件以及合同范本、实施风险分析、试点项目实施等内容。并在广佛地铁 2 期工程中进行了试点应用。此外，广州市轨道交通 18 号和 22 号线全面采用 BIM 体系，成为全国第一个全过程采用 BIM 技术的轨道交通项目。

3. 洛阳城市轨道交通 BIM 应用情况

洛阳城市轨道交通 1 号线，于 2021 年 3 月 28 日开通运营一期工程（红山站至杨湾站）。线路全长 22.97 km，其中高架线长度为 0.9 km、过渡段长度为 0.5 km、地下线长度为 21.57 km；共设置 19 座车站，其中高架站 1 座、地下站 18 座。

洛阳城市轨道交通 1 号线长安路站全站采用装配式施工，应用 BIM 技术对管线安装进行有效设计深化及综合管理，利用 BIM 模型结合现场施工条件及运输能力，分区域对综合管线进行机电管综模块化设计。利用 BIM 可视化、模拟化的特点对各专业管线路由、标高进行统筹考虑，解决了各部件连接不合理的问题。机房是机电工程的心脏，BIM 技术的管线优化使机房的工期缩短了 30%，提升了安装精度，避免了返工，减少了物料浪费。

洛阳城市轨道交通 1 号线在管线综合 BIM 深化设计中充分考虑管线施工操作空间、设备及管线的维修空间、机房设备安装及机房管线的布置、各专业设备的分布特点及施工顺序的合理布置，经 BIM 深化设计后满足了各专业系统设计要求，避免了各专业管线碰撞，具有足够的安装空间及检修空间，改进了施工方式，节约了材料与成本，实现了各专业的管线及设备排布整齐、合理美观、管线无碰撞、施工零变更。

三、BIM 技术在城市轨道交通中的发展趋势

BIM 技术自提出后，一直被誉为影响建筑行业变革的革命性力量，在全球范围内得到了业界广泛认可。

凡事预则立，要充分发挥 BIM 技术的优势，利用 BIM 技术为包括业主、设计、施工、运维在内的各方参与者提供协同工作基础平台，助力城市轨道交通企业实现策划、设计、施工、运维全生命周期的精细化管理。

BIM 技术为城市轨道交通行业提供了改造核心流程的机会，在精益建造体系下运用 BIM 的系统流程，我们可以借助构建 BIM 模型来获得需要的信息数据，并针对工程物料以及机械设备提出合理的存储和管控建议，从而促进资源利用效率的不断提升，避免资源浪费。

BIM 因为自身拥有诸多的优越性，所以其可以为并行工程构建完善的信息平台，彻底打破传统信息交流和利用模式的限制，所有工程涉及的信息都会被综合到 BIM 模型之中，并在工程设计工作开始到工程完工交付使用整个过程中的各个环节中加以利用。

当前 BIM 技术仍处于不断发展的阶段，一些基础技术如行业标准、数据互操作性技术尚未完全成熟。工程项目参建各方对 BIM 技术的实施方法和要求尚未形成共识，出于各自利益、立场的考虑，对其所带来的影响心存疑虑，因此城市轨道交通企业要达成较为理想的 BIM 应用目标，需要认识到这是一个长期的、逐渐递进的过程，并需要结合项目、企业和行业实际情况综合考虑，制定出严谨的方案设计，为企业开展 BIM 技术奠定良好的基础。

BIM 技术在城市轨道交通中一般会有以下三个发展阶段。

(1)初期：应充分考虑工程参与各方和人员的学习情况，做好 BIM 技术的基础应用，为 BIM 技术的推广开个好头，重点是让各方熟悉 BIM 技术的特点。如通过建筑建模、综合管线建模、检查碰撞等逐步在项目建设过程中初步形成积极的 BIM 设计气氛与共识。

(2)中期：当参与各方熟悉 BIM 技术后，会发现 BIM 技术不仅可以改善设计方案，同时还可以在工程管理中起到更大的作用。如通过 4D 技术管理工程进度；通过 5D 技术精确掌握施工现场不同阶段所需的工程材料数量，更好地控制物资供应及项目成本；通过数字化预制技术提高工程质量、安全文明施工水平和环境保护效益等。

(3)快速发展期：把 BIM 技术的持续应用和发展当作一个长期改进建设和运营全过程管理、提升产业数字化率和产业结构升级的战略措施；并将 BIM 技术与大数据、云计算等技术相结合来持续改进企业运营效率和行业发展水平。

第七节　5G 通信技术在城市轨道交通工程中的应用现状

城市轨道交通作为城市主干道和大众交通工具，是国家的主要设施和重要产业，在中国经济社会发展、改善民生和城市安全等方面发挥着不可替代的作用。2020 年，《中国城市轨道交通智慧城轨发展纲要》发布。运用云计算、大数据、5G 等技术，打造新一代安全、便捷、高效、绿色、经济的中国式智慧城市轨道交通。随着移动通信需求的不断增长，5G 频谱利用率和能效不断提升，在传输时延、可靠性、安全性和覆盖范围等方面取得了大幅度的性能提升。监控、网络覆盖、大数据分析等复杂场景数字化应用将不断深入，成为实现城市轨道交通智能化的重要支撑。

一、5G 通信技术应用特点

5G 技术在自身实施过程中更加注重用户体验，进一步降低平均吞吐量和网络传输时延，将 5G 技术与 3D 技术、VR 技术有机结合，逐步产生新的蜂窝业务。可以有效利用该技术目前的应用性能，实现小区与用户之间的传输组网，进一步提高整个架构的传输性能。5G 技术实际应用中使用的是宽带频谱资源，但由于无线电波的限制，需要结合使用光载波无线网络等技术手段。此外，5G 技术在实际应用过程中对软件结构提出了更高的要求。这意味着大型运营商必须根据网络资源的实际配置需求调整业务运营模式，以降低业务发展过程中的运营成本。

二、城市轨道交通中的通信分析

通过对中国城市轨道交通系统的分析，可以发现现有系统存在通信技术不稳定、泛化范围不够等问题。总的来说，目前的卫星通信只适用于小范围的城市轨道交通，难以在低高层建筑中发挥较大作用，而且容易出现信息和数据不稳定的情况。此外，在低等级的城市轨道交通系统中，接收信息数据延迟的概率可能会增加，信息数据可能会在车辆行驶过程中遭到破坏。从中国通信技术的发展来看，从 WLAN 技术到现在的 4G 通信技术、5G 通信技术，随着通信技术的不断提升，城市轨道交通也得到了发展。目前，5G 通信技术仅应用于部分城市轨道交通系统，并未得到广泛应用，但预计在未来的发展中，5G 技术能够在相关领域得到充分应用，并取得良好效果。

三、5G 通信技术在城市轨道交通中的应用优势

目前 5G 通信技术在城市轨道交通中的应用能够有效地提高信息的传输速率，同时使信息在传输过程中具备良好的延时性和可靠性。城市轨道交通目前所使用的系统频段为 1785～1805 MHz。但是因为受到不同频率资源的使用限制，所以城市轨道交通批准使用的带宽为

10 M。这种通信方式比较烦琐、结构复杂，能够接受的数据传输量以及传输速度都不能满足现阶段中国城市居民对网络的相关需求。尤其是在中国开展智慧列车建设工作之后，越来越多的数据需要更好的网络技术才能够保证其发挥积极的作用、提高列车运行的质量和水平。

根据城市轨道交通运营技术规范的相关规定，在自动运行等级不同的情况下，综合乘载列车运行不同业务时数据信息传输速率的要求也是不同的。这就导致使用传统网络技术来对城市轨道交通中的通信进行保障出现了一定的阻碍，例如对于最小的业务单位而言，5M宽的通信速率无法满足综合列车运行的数据传输、数据收集以及数据分析等要求。而在单业务列车进行多业务开发的过程中，这种传统的网络数据传输方式也无法满足信息的积极使用，这一方面阻碍了现有城市轨道交通的发展和进步，另一方面也会增加网络后期维护和修理的难度。将5G通信技术应用在城市轨道交通中能够有效地提高现有网络带宽、数据传输量和数据收集速率，能够满足单业务列车开发多业务的要求，同时还能够降低网络组网的成本和系统复杂程度，为后期的维护奠定良好的基础。将传统的4G技术应用在城市轨道交通中能够明显发现平均信息传输时延为15.6 ms，根据列车追踪间隔和最佳速度值判断列车最终间隔为33.06 s和37.28 s，这种通信效率明显不能够满足城市轨道交通列车运行的相关要求。而5G技术的运用能够将上述时延降低在1 ms以内，缩短运行间隔，对提高列车信息传输系统运行的安全性和可靠性能够起到积极作用。

四、5G通信技术在城市轨道交通中的应用

1.5G通信网络架构

为了有效应对各种场景和需求，在构建5G网络时，引入了软件自定义网络技术/网络功能虚拟化技术（software defined network/network function virtualization，SDN/NFV），与4G通信技术核心网架构相比，5G核心网架构主要包括以下三个功能。一是网络功能段，其主要作用于单个网段，创建多个逻辑网络，为不同的应用提供相应的需求。二是用户域和控制面分离，服务域不断缩小，直到大于边缘数据，越靠近基站，延迟越小。需要低延迟的控制平面可以存放在中央机房。三是SDN/NFV技术。SDN技术是将传输域和控制域分离，从全网的角度看待IP网络，实现网络规划和资源利用；NFV技术是网络架构在核心网的应用，其可以支持软件分离，支持更多基于软件的功能模块。由于当今的5G通信网络通常与公网共建，每个核心网服务的用户数量从几万到几十万不等。但在城市轨道交通车地通信领域，每个小区的列车数量很少，地铁线路不超过100条。因此，5G通信网络应用于列车交通管控时，城市轨道交通车辆通信系统和城市轨道交通陆路车辆核心网往往容量过剩。5G通信网络除了适合城市轨道交通管理，还能有效满足客户体验和公共服务需求。因此，围绕5G通信技术，网络架构设计时序必须充分考虑业务需求。同时，NFV技术可以融入5G通信网络，不仅有效节约了资源，还减少了维护成本，特别适用于城市轨道交通。总之，5G通信技术在城市轨道交通中的应用应以5G网络虚拟化技术和核心网精简技术为基础，支撑城市轨道交通SFC服务功能链和服务功能链的实现。

2.系统吞吐量提高技术

5G系统吞吐量技术主要包括调制编码技术、毫米波技术、带宽扩展等。毫米波技术的

传输距离不能满足城市轨道交通的通信标准,因此一直没有实施。由于城市轨道交通服务需求量大,多种服务的通信工作只能通过更大的带宽来完成,具体带宽取决于未来无线通信技术的发展。目前城市轨道交通通信 App 的最大带宽为 20 MHz。由于隧道是大部分城市轨道交通的通信环境,故采用漏泄电缆对车辆通信信号进行覆盖,以保证通信信号的均匀分布。但是,由于隧道布置的限制,每个通道可以配置的进线电缆是有限的。未来 5G 系统将选择中空线缆与车载天线相结合的调制编码技术,以实现更高的上行系统吞吐量和技术含量。

3. 城市轨道交通智能客服机器人

北京城市轨道交通采用的交互式人工智能呼叫机器人,可以引导乘客到购票点、出入口、换乘线路等指定地点,解答乘客购票信息和日常咨询。另外,通过查询功能可以向智能呼叫机器人询问,比如列车时刻、出行路线和输电线路查询;机器人通过 5G 网络获取各种数据信息,利用语音识别、人脸识别、体感等技术进行交互系统导航,达到人机交互的目的,为众多乘客提供便捷服务。

4. 实现轻轨车站智能化巡检

在轻轨站,工作人员使用具有扫描功能的 5G-AR 眼镜,可以对轻轨站进行快速检查。得益于 5G 大网络带宽和低时延的优势,可以将高分辨率的图像信息快速传输给轻轨站,经系统分析处理后打印出高清图像。车站工作人员在其帮助下可以快速完成故障诊断和处理,确保所有设备正常运行。部分故障可以通过 5G-AR 眼镜发送给负责系统运行的技术专家,进行音视频连接、故障诊断和处理,快速排除故障。

5. 无线高速通信

城市轨道交通车辆与公路车辆之间的无线通信是保障车辆安全运行的重要环节,可承担以下生产任务:①完成城市轨道交通管理通信系统和车辆安全管理功能;②采用轨道状态监测系统,保障车辆运行过程中主要设备系统的安全;③视频监控系统实时记录车内视频图像;④旅客信息系统用于在互联网上向旅客发布运行服务信息和异常情况警示信息。在最小单元的单网运营中,5 MHz 的 LTE-M 通信速率难以满足多种业务的复杂承载需求。例如在铁路运行状态监测应用中,可以在 4G 网络内部配置铁路数据采集、处理和传输设备,实现铁路原始数据的分布式采集和本地存储等功能,但是数据存储规模、数据存储量和数据传输速率有限。少量数据即可实现大数据集的实时传输、关键系统和部件的健康监测、故障报警和健康评估,可为铁路运营提供远程诊断和专家技术支持。其中,实时车载视频控制回传,5G 技术可以提供比传统带宽更高的通信速率,在满足综合运营商带宽应用的同时,逐步在可视语音通信、大数据传输、超高带宽等方面取得了一定的进步。

6. MIMO(多输入、多输出)技术实现接入层的大规模、高密度

无线网络使用 MIMO 技术,可以提高网络稳定性和数据传输速度。采用 MIMO 技术的大型无线天线广泛应用于城市轨道交通接入系统,可将频谱效率和容量提升 10 倍。车地平台级车载无线网络通过无线接入点(access point,AP)、小天线、车辆进入站台或站台进行覆盖和通信。地面通信以及与旅客信息、中央电视台等终端设备相连的无线平台网络,由于车辆与地面之间的无线网络速度较高,会出现接入点干扰、网络数据重传等诸多负面问题。采用 5G 通信技术的车地无线网络,将实现“小站+大天线”的位置级无线接入,确保到位信

息准确和无通信障碍。同时，由于可以在一个地方安装数百根大型天线，提高了频谱效率，可以实现众多的网络服务，不仅减少了干扰，还提高了站点质量。

7. 网络切片管理

首先，在城市轨道交通系统运营中，不同的应用场景对可用网络空间有不同的要求。在使用网络切片技术实现和管理复杂网络时，需要结合不同虚拟网络的实际需求、带宽和安全性，进行科学合理的分类。网络切片技术充分利用其灵活性，在满足不同场景对网络的实际需求的同时，也是一种端到端的网络，可以利用一系列网络资源将组件连接起来形成网格切片。其次，在第三代合作伙伴计划（3GPP）标准下，现有的网络切片技术可以完成基本网络切片及相关功能的定义，也对网络切片的部署和未来 5G 技术服务的实现起到很好的作用。从目前的实际情况来看，虽然网络切片技术还没有标准化，但可以结合城市轨道交通系统的实际特点，制定初步的网络切片方案。

8. 海量用户超密集组网

由于 5G 的通信频段越来越长，5G 的数据传输能力也越来越强。若将部分已有的由光缆接入地表的网络装置转变成无线网络，则可大幅降低分散式光缆的布线方式，提升装置的柔性，且便于装置的安装与维修。在保证该系统的安全性和稳定性的前提下，可以在其内部进行合理的添加，例如，可以利用无线传感器对其进行实时的数据进行收集，从而提高其安全性和稳定性。此外，还需要对其进行有效的处理，比如，可以对其进行有效的监控。5G 技术还可以根据设备特性，提供带宽、优先级、安全认证方式等。

第八节　城市轨道交通车辆轻量化材料应用现状与发展趋势

随着我国城市轨道交通线网规模和运营里程的不断增加，越来越多的城市轨道交通进入网络化运营阶段，这为城市轨道交通运营能力提升提供了新的发展机会，也为城市轨道交通绿色化发展带来了直接高能耗和间接高排放的挑战。

二氧化碳排放引起的气候变化是人类面临的全球性问题，全球的碳排放主要来自能源发电与供热、交通运输、制造业与建筑业。从概念上讲，碳达峰即某个国家和地区的二氧化碳年排放总量在某一时期达到峰值，达到峰值后逐步降低；而碳中和则是通过植树、节能减排、碳捕集、碳封存等方式抵消二氧化碳排放量，实现二氧化碳“零排放”。

我国承诺 2030 年前实现碳达峰、2060 年前实现碳中和。《中共中央 国务院关于完整准确全面贯彻新发展理念做好碳达峰碳中和工作的意见》和《2030 年前碳达峰行动方案》于 2021 年 10 月 24 日印发，提出了 2025 年、2030 年、2060 年的阶段目标和关键举措，以及能源绿色低碳转型行动、节能降碳增效行动、交通运输绿色低碳行动等“碳达峰十大行动”方案。

目前，城市轨道交通用电绝大部分来自火电，属于间接排放，这就需要通过各种节能、减碳技术实现对城市环境的零排放。轨道车辆轻量化技术是轨道车辆运营节能的关键技术之一，已经得到国内外研究人员的广泛关注和推广应用。因此，本书针对城市轨道交通的运营场景，基于各种轻量化材料的技术特征，对不同场景的应用案例和减重效果进行分析，并对城市轨道交通轻量化材料应用前景和趋势进行了展望。

一、城市轨道交通车辆常用轻量化材料

在轨道车辆投入使用的初期，大多采用不锈钢车体，例如日本新干线轨道车辆的 0 系、100 系、400 系，使车体质量比应用普通钢的车体减轻 30%～40%。当前，各国逐步采用铝合金材料作为车体材料，不锈钢在日本、美国等国家应用较多，主要用于车内承载件和装饰件，纤维复合增强塑料已经在德国、瑞典等国家应用，但仅用于车体的部分构件。当前城市轨道交通车辆使用的轻量化材料如表 1-2 所示。

表 1-2　当前城市轨道交通车辆使用的轻量化材料

材料类型	特性	应用场景
铝合金	密度小，约为钢的 1/3。耐腐蚀性好，可铸造性好，机械性能高	用于车体主体结构、枕梁等承载结构；门、窗、管、盖、壳等结构件；装饰和绝热材料；铝合金铸造件，比如铝合金齿轮箱
不锈钢	强度范围广，目前有 200 MPa、300 MPa、400 MPa 等级或更高的 600 MPa 等级的品种，而且装饰性能好、不生锈	用于制造车体和车内的承载件、装饰件
蜂窝型复合材料	通常由上下面板和蜂窝芯材组成。质量轻、刚度大，具有优良的隔声、隔热性能	用于内装系统，如地板、顶板、间壁、设备舱底板和舱门等，在蜂窝装饰面可用黏结、真空吸附等方法覆盖装饰膜，装饰效果极佳
碳纤维复合材料	又称 CFRP，密度为 1.5～1.8 kg/m^3。具有质量轻、高强度、高硬度和耐高温的特点	用于制造司机室、车体、转向架、设备舱、制动盘和闸片等
玻璃钢	具有耐腐蚀、易成型、质量轻的特点。轨道车辆的头锥通常采用带有骨架的玻璃钢，质量轻、易成型、便于修复	用于制作复杂曲面的装饰板以及头罩、座椅等

二、城市轨道交通车辆轻量化材料研究与应用现状

大量轻量化复合材料、复合结构在航空、船舶、汽车等装备领域已实现工程化应用，在材料结构设计、制造工艺、服役性能及使用维护等方面积累了丰富经验，可为解决轨道车辆轻量化问题提供可行性指导。

随着轻量化材料技术的发展，具有轻量化、高强度等优异性能的轻量化复合材料和复合结构在轨道车辆领域的运用也越来越多，有助于不断提高车辆的综合性能指标。

1. 国外的研究与应用现状

在其他行业研究应用的基础上，国外城市轨道交通类企业和研究机构针对轨道车辆用

轻量化材料和复合材料开展了关键技术攻关和工程化应用研究，应用范围从内饰、车内设备、司机室外罩等非承载部件和次承载部件，逐步扩大到车体、转向架等主承载结构。国外轻量化复合材料、复合结构用作轨道车辆辅助件和非主承力件的案例见表 1-3。国外轨道车辆轻量化材料应用情况如表 1-4 所示。

表 1-3　国外轻量化复合材料、复合结构用作轨道车辆辅助件和非主承力件的案例

轨道车辆	复合材料	应用部件
新干线	玻纤增强	车窗内饰框、小便池、水箱、集便箱、车头前端盖板、双层客车两端车顶板、大花板、受电弓罩、客室中顶和侧顶等
	蜂窝夹层	地板、中间间壁门
TGV	纤维增强	车身、地板、墙板、门窗框架、座椅、车门、整体卫生间
ETR500	蜂窝夹层	内部结构边墙、天花板、行李舱
Velaro E	玻纤增强	侧墙板、侧顶板、塞拉门罩板、司机室内墙板

表 1-4　国外轨道车辆轻量化材料应用情况

国家	典型产品及技术	应用效果
日本	1999 年推出了碳纤维复合材料 E4 司机室的碳纤维增强复合材料(CFRP)车体	司机室结构质量减轻 30%，并且有效改善了变形问题，减少了司机室的振动和噪声
	efWING 转向架：将刚性焊接构架改为采用碳纤维侧梁的柔性构架；将部分框架的材料从钢换成了 CFRP；将侧梁与螺旋弹簧的功能整合到了弓形 CFRP 弹簧中，取消传统二系弹簧	可大幅减轻转向架的质量，比传统金属侧梁减重约 40%
韩国	摆式列车车体采用了碳纤维复合材料与不锈钢底架混合设计理念	与传统不锈钢车体相比，上部复合材料车体减重 39%，整个车体(包括不锈钢底架)减重 28%
瑞典	2011 年研制了 CFRP 地铁转向架构架	较传统钢制构架减重 30%左右
	车体为蜂窝夹层复合材料	较铝合金车体减重 25%
加拿大	基于轻质复合材料技术的创新型模块化轨道交通司机室“D-cab”，利用复合材料夹层结构整体成型	与传统司机室相比，质量减轻了 40%，零件减少了 60%
德国	西门子下一代双层轨道车辆将采用高性能复合材料轻型结构	采用复合材料的轻量化车体结构将降低车体质量的 25%

2. 国内的研究与应用现状

目前，国内已完成了车头罩、裙板、受电弓导流罩等多种轻量化次承载部件和零部件的研制与应用，以及车体等关键承载部件的轻量化方案研究与应用(见表 1-5)。

表 1-5　国内轨道车辆轻量化材料应用情况

公司	典型产品及技术	应用效果
中车青岛四方机车车辆股份有限公司	500 km/h 高速试验列车上采用了碳纤维复合材料车头罩	采用玻纤＋纸蜂窝结构的内饰板，减重约 30%；采用中空织物整体成型的导流罩，减重约 50%
	城际动车组用碳纤维设备舱裙板已于 2013 年年底装车试运行中	相比铝合金裙板减重超过 30%
	碳纤维地铁车辆“CETROVO”	司机室、车体、转向架构架、设备舱等均使用碳纤维复合材质制造；与采用钢、铝合金等传统材料相比，整车质量降低 13%
中车南京浦镇车辆有限公司	转向架碳纤维摇枕安全吊	结构与原钢质安全吊结构基本一致，厚度由原来的 16 mm 减至 8 mm，质量由原来的 13 kg 减至 1.7 kg，但强度却大大优于原结构
中车长春轨道客车股份有限公司	全碳纤维复合材料地铁列车	比同样大小的铝合金 6 t 车体减重 1.6 t
	“光谷量子号”碳纤维复合材料有轨电车	该型列车整车比同类不锈钢车体减重约 30%

三、城市轨道交通车辆轻量化材料发展趋势

城市轨道车辆轻量化设计是一个涉及设计概念、设计方法、材料选用、零部件设计、制造工艺、仿真试验验证等多阶段的系统工程，贯穿设计全过程。据调研，当前广泛采用的铝合金材料车体仍存在应力腐蚀、外表处理困难、焊接要求高、疲劳强度低等问题；不锈钢车体存在封闭性差、局部屈曲、焊接变形等问题；碳钢车体存在易腐蚀、比重大、不利于轻量化、焊接变形大等问题。未来轻量化材料的推广应用，可以从以下几个方面入手。

1. 采用新材料、新工艺

除不锈钢和铝合金材料外，镁合金和多种复合材料也已在城市轨道车辆上得到越来越多的应用。

近年来，随着多品种异型截面和中空大截面铝合金挤压型材的发展，铝合金已成为轨道车辆车体的主导材料。比如，目前城市轨道交通车辆上的扶手材质多为不锈钢，而 NGC 型铝合金型材具有质量轻、机械性能好、防腐性强及成形焊接性能良好的特点，铝合金扶手将比不锈钢扶手减重 50%以上。

镁的密度为 1.74 g/cm^3，是铝的 2/3，是钢的 1/4，是一种较轻的结构材料。镁与铝、锌等组成的合金，具有高比强度、高比刚度、高导热性、优异的尺寸稳定性和良好的能量吸收特性，是制造抗振零件的良好材料。

天然的无机膨化蛭石复合材料具有轻质、耐高温、防火、防冻、不易老化、绝热、保温、隔声、绿色环保等优良特性，与胶合板、玻璃钢部件相比，采用蛭石复合材料的内装饰件可以有效提高部件性能指标。我国现有轨道车辆内装侧墙板和侧顶板使用的材料是不饱和聚酯玻璃钢，间壁柜、平顶板和地板材料为胶合板。此外，膨化蛭石复合材料还可以满足轨道车辆

内装材料物理性能的要求。

麻纤维复合板是一种新型的绿色环保复合材料，麻纤维具有纤维强度、纵向弹性模量较高、密度低、力学性能好、成型工艺简单、产品绿色环保等特点。利用麻纤维复合材料代替胶合板、玻璃钢等材质，将大大降低车内挥发性有机化合物的含量，而且能满足车辆轻量化发展的要求。麻纤维复合板以麻毡板为主要原料，根据应用要求可以与木板、隔音橡胶等不同材质进行进一步复合，并通过调整层数比例，形成满足性能要求且环保轻质的复合板。

车辆送风道结构的材料由铝板改为聚异氰脲酸酯（PIR）复合板，两侧覆有 80 μm 厚的压花铝箔，减重超过 12%，如图 1-15 所示。

图 1-15　聚异氰脲酸酯（PIR）复合板送风道

此外，纳米组织控制铝合金、阻燃镁合金等新型材料也有一定的研究和应用。颗粒增强铝基复合材料具有低密度、高比强度、高比刚度等优点，可作为轻量化城市轨道交通制动盘的关键材料。

2. 新结构应用

综合考虑车体质量、强度、刚度、载荷、噪声、装饰性、制造性和价格等因素，可适当考虑采用基于轻量化材料的新型结构，从材料特性和结构优化上实现双重轻量化效果。比如，在保证车体强度和刚度的基础上，应用强度理论和优化设计程序，充分利用材料强度进行车体结构设计。作用于车体强度的荷载，主要有车辆自重、载客质量、牵引力和制动荷载、曲线通过荷载等。此外，还要考虑轨道车辆通过隧道时车体内外压差及其交变荷载的作用。车体整体强度计算的目的是确认车体整体的应力、刚度及形变；局部强度计算的目的是确定局部的压曲应力与变形、基本的应力集中状况以及车体中段或端部的内压强度，并对车体进行静强度、疲劳强度和压曲强度的评价。

车窗玻璃结构均为中空夹层形式，内侧采用聚碳酸酯板（PC），中空层外侧采用钢化玻璃（物钢），减重超过 10%，如图 1-16 所示。

3. 优化结构设计

轻量化设计对整车设计提出了很多挑战，例如车辆在隧道中运行或交会时会产生空气动力学荷载，铝合金车体整体刚度不够等问题。这就需要采用不同的计算和试验方法，进行各种性能的仿真分析、方案优选和试验验证，兼顾轻量化、整体强度和刚度等性能。

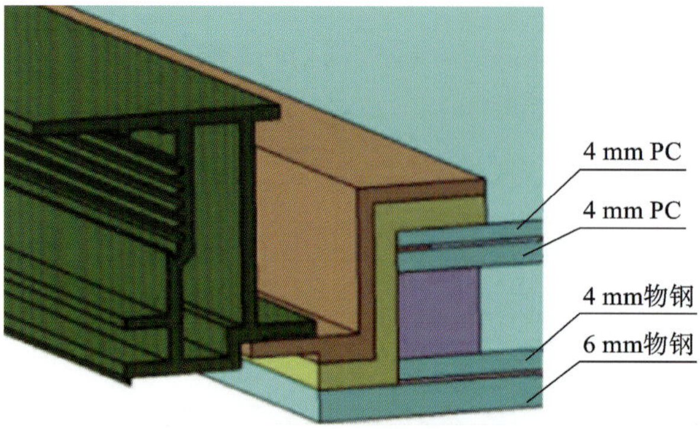

图 1-16　车窗结构

优化车内空调设计，如采用多联分体式空调系统方案，可在减重和整车供风均匀性等方面实现较大提升，有利于进一步降低整车能耗。

4. 模块化设计

采用模块化设计及多部件集成设计等做减法的措施，可以对各种结构进行优化和集成设计，同时制定车辆各部件重量分配计划，确保均衡设计下的减重效果。

第二章　城市轨道交通工程的环境影响评估及防治对策

第一节　生态视野下的城市轨道交通建设与环境保护

随着城市建设的不断完善，城市轨道交通建设水平不断提高、建设规模日益增大，但在提高交通运行质量的同时，也带来了一定的环境问题。如何正确处理城市轨道交通建设和环境保护之间的关系是需要探究的重要问题。

一、生态视野下的城市轨道交通建设

城市轨道交通具有自身的独特优势。从交通角度来看，其运能大、速度快且安全系数高，具有高可靠性的突出特点；从生态保护角度来看，城市轨道交通不仅占地资源少，有效节约了土地资源，而且对生态环境产生的污染较小，所需的能耗较低。除上述优点之外，城市轨道交通也存在一定的缺点，最突出的缺点是运营成本较高，影响了后续的建设和完善。

为了更清晰地体现出生态视野下城市轨道交通建设所具有的优势特征和基本特点，我们将具体的环境影响评估指标体系以表 2-1 的形式呈现出来。

表 2-1　生态视野下城市轨道交通建设环境影响评估指标体系

统计量	类型
结构层次设置	环境保护目标/评价目标
	环境要素/环境目标/目标值
	社会环境/环境质量/社会经济
评价指标	社会经济/土地资源/能源资源/自然资源与生态保护
	环境保护/资源利用/跟踪评价
	噪声/振动/环境空气/水电消耗/水环境质量（污水收集处理/污染物排放）
	土地资源占用/土壤侵蚀/敏感区/交通运输/线网规模
	固体废物/环保投资比例等

二、城市轨道交通工程绿色施工的环境保护要点

1. 噪声污染

城市轨道交通工程的噪声污染污染源包括各种施工机械作业和车辆运输噪声等。以下为噪声污染的主要防治措施。

(1)随着国家环保部门制度的提出，环保部门对施工噪声污染的监督也越来越严格，施工单位应该严格按照国家制度的相关规定，降低施工中的噪声污染，防止出现噪声扰民的现象。

(2)在施工过程中难免会使用一些噪声较大的机械设备(如发动机、空压机等)，在使用这些设备时，应该尽量将这些噪声较大的机械设备远离居民区、学校以及医院等地点，并在施工过程中对机械设备进行合理养护。

(3)在施工过程中使用运输车运输施工材料时，应该尽量使运输车在远离居民区一侧进入，并对运输车的鸣笛进行严格控制，运输车通过居民集中区时应减速行驶，减少运输车运输过程中产生的噪声。

(4)使用商品混凝土，不采用在施工场地内设置混凝土搅拌机的做法。

2. 光污染控制

城市轨道交通施工中光污染产生的主要原因是电焊产生的光亮及大型照明设备产生的光亮。随着现代化城市建设的推进，高楼林立、玻璃幕墙普及、夜间照明增多等，人们受到的污染性光照越来越多，光照刺激着人们的眼睛，影响人们的身心健康，并且会造成视线盲区，存在重大安全隐患(比如汽车夜间行驶开启的远光灯)，凡此种种，都加速了国家对光照污染的管控。城市轨道交通工程在施工过程中应根据工地现场及周边环境情况采取限时施工、遮光施工及全封闭施工等施工方法，避免或减少施工过程中光亮对周围环境造成的影响。如在光线作用敏感区域施工时，电焊作业和大型照明灯具需采取遮光措施防止光亮外泄，从而降低施工过程中光污染对周围居民生活的影响。

3. 水污染

城市轨道交通工程的水污染污染源包括雨水冲刷产生的地表径流、建筑施工废水和施工人员生活污水、含油废水和高浊度泥浆水等。以下为水污染的主要防治措施。

(1)生活污水。施工人员的临时驻地如果没有城市下水管网，可以在施工人员的驻地设置化粪池或者让施工人员使用移动厕所，施工人员生活中产生的污水统一在化粪池进行处理，最终排入城市市政管网。这主要是为了避免生活污水随意排放，导致地下水污染。

(2)生产废水。生产废水主要是指在施工过程中出现的含有泥沙的废水，这种废水应该先利用沉淀池进行处理，在处理后的废水满足国家标准之后再排入城市排水系统。施工期间产生的生产废水可采取沉淀池处理、循环利用等措施来控制。

(3)含油废水。施工设备集中地因设备油类的跑、冒、滴、漏等将产生一定的含油废水，工程建设过程中应在施工场地设排水沟，将含油的场地废水收集后经隔油池处理达标后再排放。

4. 施工现场垃圾废气危化物处理

城市轨道交通施工过程中会产生垃圾、废气，还会使用到乙炔、油漆、防腐剂等危险品、化学品。

首先，施工现场垃圾应分类存放、按时处置，减少垃圾的二次污染。其次，应制订轨道工程建筑垃圾减量化和资源化利用计划，并建立建筑垃圾回收再利用记录。最后，施工现场应设置有毒有害废弃物回收点；有可能对周围环境造成二次污染的废弃物必须单独存放，并应设有醒目的标志标识；清理现场垃圾时，运输车辆必须进行封闭处理，应建立垃圾外运记录。

城市轨道交通施工对周围的空气也会产生很大的污染，因此积极采取空气污染控制措施对城市轨道交通绿色施工十分重要，为控制施工现场有害气体排放，不得在施工现场焚烧会产生有毒、有害烟尘和恶臭气体的物质。

5.施工现场扬尘控制

城市轨道交通施工作业过程中爆破、开挖、运输等过程均会产生大量粉尘，粉尘浓度达到一定程度将严重影响作业人员的身体健康和大气环境质量。为控制施工现场扬尘，使之满足国家环境保护及职业健康要求，应采取定期对施工现场扬尘情况进行监测的措施，建立施工现场扬尘监测记录；城市轨道交通工程施工作业时，对于裸露的土堆应当采取遮挡措施，对场地及道路采取抑制扬尘等措施；对于施工现场的细小颗粒状材料、易造成扬尘的材料应分门别类、封闭堆存及运输；工地施工现场出口处应设有用于冲洗从工地驶出车辆的设备，杜绝运输车队对城市道路的污染，进而造成粉尘污染。

三、生态视野下城市轨道交通建设中的环保策略

1.完善环境影响评价机制，鼓励公众参与监督

作为城市基础设施建设的重要组成部分，城市轨道交通建设与市民利益息息相关。应建立和完善环境影响评价机制，除专业人士和团队参与之外，还要开通公众参与监督的渠道，积极听取各方人士的有效建议。环境影响评价机制可以围绕两方面展开，一是噪声影响，二是振动影响，以此为主确定参与对象，进而完善评价机制。

除各单位和个人积极参与之外，还应加强统筹管理，从源头上更好地防控污染源。在进行城市轨道交通设计时，应坚持环境保护的绿色基本理念，结合可利用的经济条件，以本地区的地质条件为根本依据，选择对生态环境和人文环境影响比较小的施工方法，如盖挖法。与此同时，建立健全环保责任管理机制，明确不同岗位的环保职责，并成立相关的奖惩制度，这样更有助于将保护生态环境的责任有效落实，提高城市轨道交通建设的品质。

2.重视第三方机构的作用，提高监理监测水平

在城市轨道交通建设过程中，第三方机构的作用非常重要，尤其是在环境监理方面具有突出作用。第三方机构的加入有助于加强城市轨道交通建设全过程监管力度，革新以往工程项目的验收方式，实现自主验收。为了确保工程项目成效，需要第三方机构提供专业的技术服务，全面了解城市轨道交通建设项目的内部资料。此外，还要辅助施工单位增强施工人员的环保意识，以此逐渐提升监理监测水平。

监理工作应贯穿城市轨道交通建设的全过程，具体来讲，一方面，施工过程对环境的影响，如是否有污染垃圾排出、废水排放是否达标以及堆土是否需要采取遮盖或者洒水等措施；另一方面，施工对民众生活的影响，关于噪声扰民情况、夜间是否可以进行施工行为、施工范围是否可以再扩大等。由此可见，监理检测水平直接影响城市轨道交通进程，提高监理监测水平，有助于大大降低城市轨道交通建设工程对生态环境和人文环境带来的不利影响。

3.加强城市轨道交通的环保设计，积极运用各种新技术

(1)车身节能设计。

对于城市轨道交通而言，加强车身节能设计的目的在于从声源处减少噪声污染。车身节能设计包括很多方面，在此以车轮为研究类别展开具体的论述。表 2-2 为不同性能车轮

的降噪效果。除车轮降噪外，还要合理控制车身的重量，采用车身轻重化技术。具体而言，应选择比较轻便、耗能较少的部件，同时，优化通风方式，采用集成化的组装方式，最大程度避免增加车身重量。

表 2-2 生态视野下城市轨道交通声源降噪效果

类别	控制措施	降噪效果/dB	优缺点
车轮	弹性车轮	0～2	使用寿命长，应用实例多
	阻尼车轮	0～6	安装较难，使用寿命易受影响
	弹性踏面车轮	5～10	成本较高
	车裙	0～3	车辆检修麻烦，有应用实例

(2)噪声减振设计。

对于噪声减振设计，除要进行科学规范建设、排除市民敏感区之外，更重要的是利用新技术加强轨道结构设计。表 2-3 中列出了对轨道减振设计采取的措施及效果，一是使用重型钢轨，通过调整轨道重量降低振动频率，增强轨枕的抗冲击能力；二是利用无缝线路技术，尽可能地减少钢轨接头数量；三是选择具有减振效果的扣件。

表 2-3 生态视野下城市轨道减振措施及效果

减振措施	应用标准/dB	减振效果/dB
钢弹簧浮置板整体道床	特殊减振地段(＞15)	20～30
橡胶浮置板道床	高等减振地段(10～15)	15～20
弹性分开式扣件、无缝线路、钢轨打磨涂油	中等减振措施(＜5)	8～12

(3)照明节能设计。

照明节能设计主要是选择具有节能效果的灯具，合理布置光源。在确保照明效果的前提下，可以选择 LED 灯和低压钠灯。灯具的选择要以区域特点和实际情况为依据，合理调整方案设计，最大限度确保节能效果。依据场域功能需求，在重点区域进行重点照明，同时要注重确保过渡带的照明效果。以照度标准值为基本参照，合理利用功能区和过渡区，不断对两个区域内的照明度进行调整，积极采取智能化的亮度调整方式。

第二节 城市轨道交通工程建设施工期大气污染影响评估与防治对策——以苏州城市轨道交通 S1 线工程为例

2013 年，随着《大气污染防治行动计划》的发布和实施，我国开始加大污染防治力度，从科研攻关入手，探究 $PM_{2.5}$ 污染的形成机制、主要来源及影响因素，进而采取针对性的控制措施。经过几年的不懈努力，我国的大气污染防治制度、法律法规体系、排放标准体系及管理机制等不断健全，大气污染治理取得显著成效，空气质量持续改善，$PM_{2.5}$ 浓度逐年下降，城市大气污染防治逐步向精细化管控迈进。

随着以电力、钢铁等行业为重点的工业污染源逐步得到有效治理，交通源、生活源、扬尘源等其他污染源的精细化管控逐步成为城市环境管理者面临的棘手问题。城市的快速发展，使得以公路为主的城市交通体系已不能满足运输需求，以地铁为主的城市轨道交通逐渐成为多数大城市优化交通运输结构的首选，但地铁在建设施工期带来的大气污染问题也成为影响城市空气质量的重要因素。

苏州城市轨道交通 S1 线（以下简称“苏州 S1 号线”）西起苏州工业园区唯亭镇，东边终点与上海城市轨道交通 11 号线花桥站实现换乘，建成运营后，将有利于推动构建长三角区域交通一体化。苏州 S1 号线线路总长约 41 km，全部为地下线，设车站 28 座，除唯亭站和阳澄湖南站外，其余 26 个站点全部位于昆山辖区内。昆山现有 3 个空气质量自动监测站点，均位于地铁沿线两侧 1.5 km 范围内，最近的监测站点甚至不足 500 m。地铁施工带来的大气污染将对昆山空气质量产生显著影响。以苏州 S1 号线为例，通过分析地铁施工期的大气污染问题及其对城市空气质量的影响，提出针对性的污染防治对策，可为实施城市大气环境精准管控、实现空气质量持续改善提供参考。

一、地铁建设施工期的大气污染评估

1. 地铁建设施工期的大气污染问题

与地铁施工相关的主要大气污染包括地铁施工过程中的建筑拆迁、土方开挖、回填、装卸、堆放等各个工序产生的扬尘，以柴油为燃料的非道路移动机械、渣土运输车、混凝土运输车等车辆排放的尾气，以及车站构筑物的室内外装修、路面恢复等排放的 VOCs 等。不同施工环节所排放的大气污染物主要包括一次 $PM_{2.5}$、PM_{10}、TSP、NO_X、SO_2、VOCs、CO 等，各污染物在大气环境中经过一系列复杂的物理、化学反应，伴随着气象条件的变化，会对城市空气质量产生不同程度的影响，地铁施工期主要大气污染问题汇总见表 2-4。

表 2-4　地铁施工期主要大气污染问题汇总

污染源	污染特征	主要排放污染物
拆迁、开挖、回填、装卸等施工过程	地铁施工过程中的建筑拆迁、土方开挖、回填、装卸等各个工序均会产生扬尘，排放量大，易悬浮于空气中，对周边空气质量影响显著，其扩散受气象条件和障碍物影响显著	$PM_{2.5}$，PM_{10}，TSP
建筑堆场	施工过程中的弃土、建筑垃圾等不能及时清运时则形成堆场，若覆盖、洒水等抑尘措施落实不到位，则易在风力的条件下形成扬尘，从而影响空气质量	$PM_{2.5}$，PM_{10}，TSP
渣土运输车	使用柴油的渣土运输车存在尾气排放，产生有毒有害的气体，若使用老旧车辆，尾气排放超标，则对城市空气质量影响显著；若装载物料的渣土运输车不能对车厢进行有效封闭、车身未冲洗干净，运输过程中易造成抛撒滴漏等污染路面的现象，从而产生道路扬尘	$PM_{2.5}$，PM_{10}，TSP，NO_X，SO_2，CO，VOCs
非道路移动机械	涉及装载机、推土机、挖掘机、钻井机、打桩机、平地机、压路机、摊铺机、吊车、混凝土泵、发电机等设备，涉及面广、油耗高，相关排放标准滞后，污染物排放量大，对城市空气质量影响大，管控难度大	NO_X，SO_2，CO，VOCs

续表

污染源	污染特征	主要排放污染物
车辆用油	绝大部分渣土运输车及非道路移动机械等车辆均以柴油为燃料，油品监管难度大，若所用柴油的品质较差，则尾气排放超标严重，对城市空气质量影响凸显	NO_X，SO_2，CO，VOCs
油漆、涂料、沥青	在对车站构筑物的室内外进行装修时(如表面粉刷、油漆、喷涂、裱糊、镶贴装饰等)，使用的装修材料可能含有多种VOCs，以及为恢复地面道路使用的热沥青蒸发而排放一定的VOCs，可对城市空气质量带来一定的影响	VOCs
金属焊接	地铁施工将使用大量的钢筋混凝土结构，各类金属构件在焊接过程中会产生大量焊接烟尘和有毒有害的气态污染物，同时还带来严重的光污染，对城市空气质量和人体健康都将造成一定影响	$PM_{2.5}$，PM_{10}，TSP，NO_X，CO

2. 地铁建设施工期对城市空气质量的影响

与地铁施工相关的各类污染排放中，施工过程和非道路移动机械的污染排放占主导地位。参照《扬尘源颗粒物排放清单编制技术指南(试行)》和《非道路移动源大气污染物排放清单编制技术指南(试行)》中的方法，估算苏州 S1 号线施工期的大气污染物排放量，并利用 CALPUFF 模式系统分析其对周边空气质量站点的影响。

苏州 S1 号线沿线共设 28 个站点，每个站点的施工面积按 10000～12500 m^2 来估算施工扬尘排放量，每个站点的施工按同时拥有 2 台挖掘机和 2 台装载机来估算非道路移动机械污染物排放量，平均额定功率分别为 110 kW 和 139 kW，平均每日工作 6 h，其余参数参照各排放清单编制指南进行选取。

依据上述方法估算出各施工站点的施工过程和非道路移动机械的污染物平均排放量依次为：$PM_{2.5}$为 5.9 kg/d、PM_{10}为 14.7 kg/d、SO_2为 6.3 kg/d、NO_X为 16.5 kg/d、CO 为 10.0 kg/d、VOCs 为 2.8 kg/d。

运用 CALPUFF 模式系统同时结合典型年份气象场进行模拟计算，结果显示，苏州 S1 号线地铁施工期的大气污染排放对周边区域的 $PM_{2.5}$浓度影响显著(见图 2-1)，距地铁站点 0.3～0.5 km、0.5～1.0 km、1.0～1.5 km 区域内的 $PM_{2.5}$平均落地浓度依次为 0.36 $\mu g/m^3$、0.32 $\mu g/m^3$、0.27 $\mu g/m^3$。

从不同季节来看，距地铁站点 0.3～0.5 km 和 0.5～1.0 km 的区域在夏季受影响相对显著，春季和秋季次之，冬季相对略小，距地铁站点 1.0～1.5 km 的区域在不同季节的 $PM_{2.5}$浓度受影响程度相对波动不大。

二、地铁建设施工期的大气污染防治对策

中国大气污染治理工作已进入攻坚期，各类污染防治技术趋于成熟，但部分城市空气环境质量未得到实质性改善，这与逐渐暴露出的环境管理机制问题存在极大关联。针对城市

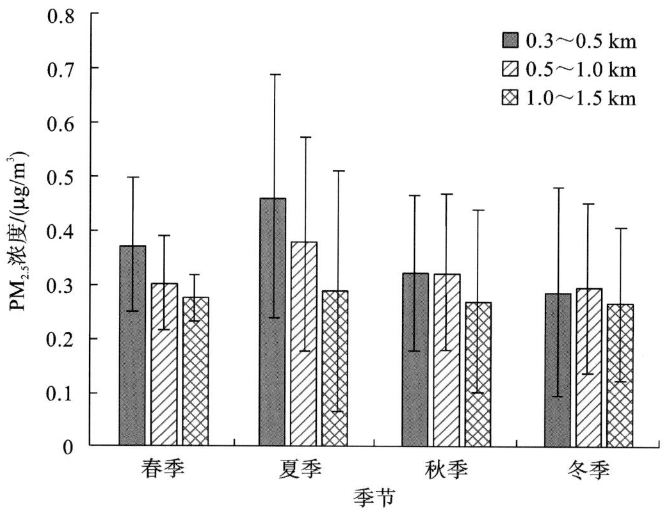

图 2-1　地铁施工期污染排放对周边区域 $PM_{2.5}$ 浓度的影响

地铁施工期各类大气污染问题的特点，建议采取以下防治对策。

(1)切实加强施工扬尘监管力度。城市空气环境质量的被考核部门是生态环境部门，但地铁的施工过程管理涉及住建、交通、城管、公安等多个部门，因此生态环境部门应主动联合各相关部门，建立联合管控机制。在地铁项目开工前，应对建设方、监理方、施工方等提出严格要求，必须建立完善的施工扬尘防治制度、明确各施工主体责任分工、严格施工扬尘防治规范要求、建立施工扬尘在线监测系统。

(2)强化渣土运输车辆管理。渣土运输车的管理涉及公安、交通、城管、环保等部门，各部门应加强联合执法，严查运输车辆资质是否齐全，物料密闭、车身清洗工作是否到位，运输过程中是否出现“抛撒滴漏”等污染路面的现象，车辆使用的油品、尾气排放是否达标等，对违法违规车辆严惩不贷。

(3)加强非道路移动机械污染防治。地铁施工使用的非道路移动机械种类较多，管理难度较大，城市相关主管部门应制定相关政策，提高准入门槛，严控高排放非道路移动机械的使用，禁止排放不达标的非道路移动机械进入当地作业。环保部门应联合公安、交通、住建、市场监管等部门，加大联合执法力度，对非道路移动机械尾气排放和使用油品进行检测，严厉查处尾气排放超标、油品不合格的违法违规行为，并责令其限期整改，将拒不整改或限期整改不合格的责任主体单位纳入企业信用评价管理。

(4)严控城市道路扬尘。地铁施工沿线常常交通拥堵，道路扬尘污染严重，相关部门应优化道路保洁作业方式，提高机械化水平，合理规划作业时段，提高地铁施工周边道路加密作业频次，强化“人机结合”清洗力度，提高精细化深度清洁水平。

(5)涉 VOCs 排放工程实施错峰作业。地铁车站构筑物的室内外装修、使用沥青恢复路面等涉 VOCs 排放工程应严格执行建筑涂料 VOCs 限量要求，夏季应当合理安排时间，实施错峰作业，在臭氧高污染时段(4—9 月的 10:00—18:00)涉 VOCs 高排放工序尽量暂停作业。

(6)金属焊接废气实施收集处理。地铁施工现场的小型金属构件应置于密闭厂房内进行焊接，厂房内应安装焊接烟气收集处理装置。大型金属构件可进行现场露天焊接，焊接时需采用移动式焊接烟尘净化器进行点对点收集，将焊接工序排放的污染物尽可能地进行收集处理，减少对环境的影响。

第三节　城市轨道交通工程施工洒水降尘控制措施

随着中国经济的快速发展、城市化进程的推进，城市公共设施的建设正不断加快，各地城市轨道交通建设得到了极大的发展。同时，由于城市轨道交通建设主要集中在城市建成区，并且城市轨道交通施工工程不是一个单项工程，而是一项环节复杂、工程庞大、时间跨度大、路线较长的综合性工程。建设期的施工扬尘污染已成为城市大气污染的重要源头之一。因此，在城市轨道施工过程中应采用有效的扬尘控制措施降低施工扬尘。

一、城市轨道施工扬尘来源

施工扬尘为无组织排放状态，主要来源有现场车辆、施工机械、施工物料露天堆放或裸露场地、风力及人为活动引起的施工现场的扬尘排放，以及现场施工机械的尾气排放等。施工扬尘主要成分有沙子、水泥、黄土等粒径小、质量轻，在大气中漂浮的颗粒物。不同施工阶段的施工工地，施工扬尘的主要来源可能存在差异。

以南京至句容城际城市轨道交通工程的施工工地为例，分别从主体围护结构施工、车站主体基坑开挖施工、车站主体结构施工、车站附属结构施工和盾构施工五个施工阶段进行调查，结合城市轨道工程不同施工阶段及使用的施工机械的情况，对施工扬尘的来源进行分析。调查结果显示南京至句容城际城市轨道交通工程施工工地扬尘污染主要源于车站主体基坑开挖、区间明挖段和区间盾构施工、主体维护结构土方开挖；施工场地土方临时堆放；土方回填及土方外运；施工期间具有粉尘逸散的物料、钻孔灌注桩泥浆流淌在厂区风干造成的扬尘等。具体结果见表 2-5。

表 2-5　城市轨道交通工程施工扬尘来源说明

序号	施工工程	主要施工机械	“污染源”分析说明
1	主体围护结构施工	旋挖钻机 旋挖钻机钻 泥浆泵 汽车吊 旋喷钻机 剥肋滚压直螺纹机 混凝土运输车 挖掘机、带炮锤挖掘机 智能环保渣土车	扬尘主要来源：土体开挖、围护桩剔凿出的废弃的桩头/墙头、土方装卸及运输、土方裸露及运输和喷护过程产生的扬尘，产生量相对较多

续表

序号	施工工程	主要施工机械	"污染源"分析说明
2	车站主体基坑开挖施工	挖掘机、带炮锤挖掘机 装载机 智能环保渣土车 空压机 污水泵 汽车吊	扬尘主要来源：由于基坑开挖土方量大，土方装卸、场内转运及外运的工作量很大，产生的扬尘相对较多
3	车站主体结构施工	履带吊 混凝土运输车 混凝土泵车 混凝土输送泵 剥助滚压直螺纹机 切断机 钢筋调直机 弯曲机 电焊机	扬尘主要来源：土方回填，除基坑内少量回填之外，以车站顶板覆土回填产生的扬尘为主
4	车站附属结构施工	旋挖钻机、旋喷钻机 履带吊 泥浆泵 汽车吊 空压机 挖掘机、带炮锤挖掘机 液压挖掘机（长臂挖机） 液压抓斗起重机 智能环保渣土车 混凝土运输车 混凝土泵车 混凝土输送泵	扬尘主要来源：施工场地平整引起的扬尘和配套管道开挖与埋设过程中裸露黄土及土方运输产生的扬尘
5	盾构施工	盾构机 盾构后配套 门式起重机 箱变 叉车	扬尘主要来源：开挖产生的土方量较大，土方装卸及外运过程中产生的扬尘

二、城市轨道交通施工工地的施工扬尘控制措施

大量研究表明，施工扬尘控制措施应主要集中在减少施工现场的扬尘源、增加扬尘源颗粒

物含水率、加速扬尘的沉降等方面。为贯彻落实打赢蓝天保卫战的要求，改善城市空气质量和人居环境，全国各地相继开展建筑工地施工扬尘专项整治，提高了建筑工地文明施工管理水平。

目前各城市轨道交通工程施工工地现行的扬尘控制措施主要集中在起尘控制阶段。在施工工地四周设置硬质围挡，硬质围挡多为彩钢或 PVC 围挡。若施工工地邻近城市主干道，则硬质围挡结构高度不应低于 2.5 m，若施工工地邻近一般城市道路，则硬质围挡结构高度不应低于 1.8 m，并在车站基坑开挖过程中设置全密闭围挡。

针对施工场区内土方临时堆放、空地或其他易产生扬尘的砂石料，使用抑尘网进行覆盖，并依据不同的遮盖对象和存放时间，选取不同密度和降解速率的抑尘网。同时，在施工现场内的出入口道路、施工区域内的主要道路、办公区、生活区、材料仓库及加工区内的厂区道路进行硬化处理。工地出入口设置运输车辆清洗平台，对进出施工工地的车辆进行清洗，严禁各类运输车辆带土带泥上路。

此外，施工场地四周应安置场界喷淋装置，并配备人员对施工场地进行不定时的洒水；场界安置在线监控装置，根据监测结果采取相应降尘措施等，详见图 2-2。

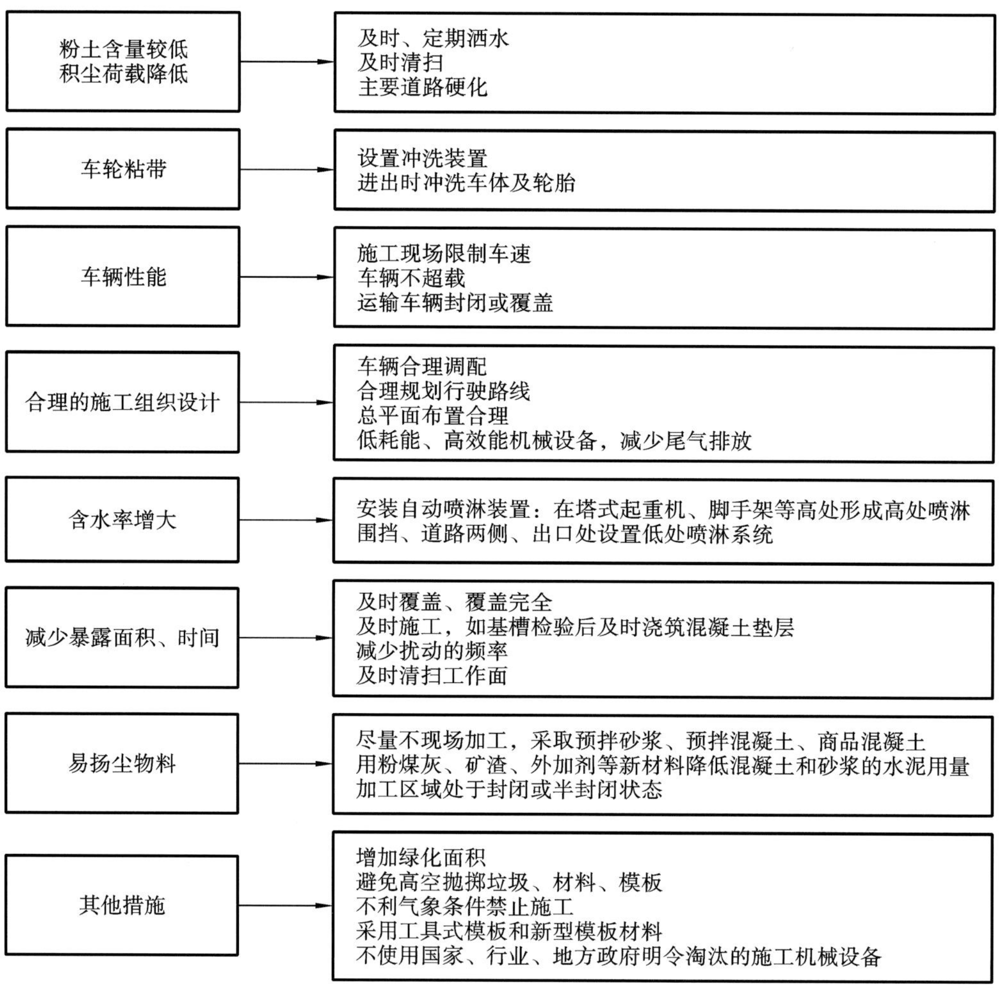

图 2-2　施工扬尘控制措施

三、洒水降尘措施效果研究

1. 不同洒水方式降尘措施

通过对南京至句容城际城市轨道交通工程施工工地扬尘防治措施的实地调查，了解到洒水是各施工工地典型、有效、操作性强的施工扬尘防治措施。

洒水降尘在施工过程中取材方便，使用灵活便捷，随着科技的发展，洒水降尘技术已由原来传统的人工、洒水车喷洒方式，发展为喷淋洒水和雾炮洒水等新型的洒水方式。

传统的人工及洒水车洒水方式有一定的局限性，夏季由于气温较高，水分蒸发得快，洒水降尘维持效果的周期比较短；冬季气温较低，水很容易结冰；容易造成水资源浪费和施工场地泥泞等问题。

新型的喷淋洒水和雾炮洒水的原理是超高压微雾降尘，通过高压将水以微细水雾的形式喷射到空中，附着空气中的扬尘颗粒，使扬尘颗粒与水雾聚集成团，达到一定重量后降落到地面，从而达到降尘的效果。同时，由于细小的水雾的蒸发吸收大量的热量，还可以很好地起到空气降温的效果。

此外，目前施工工地均安装智慧在线平台，可以实现场界喷淋装置和移动雾炮机与在线监控装置联动。当环境监测设备监测扬尘数值超过设定阈值，即扬尘超标时，系统中控台会发出指令，喷淋系统通过数据反馈自动开启一处或者多处喷淋、雾炮系统对现场环境进行雾化喷淋降尘，当扬尘值达到设定下限值时自动关闭喷淋、雾炮系统。不仅能够高效实现降尘处理，也能够有效节约水资源。

2. 不同洒水方式的效果

为了了解不同洒水措施的降尘效果，选取了南京至句容城际城市轨道交通工程 01 标二工区工地作为研究对象，对现场洒水降尘措施的效果进行现场监测，并结合智慧工地自动监测平台数据进行评价研究。

(1)现场监测。

分别对该工区采取洒水车、雾炮机、场界喷淋 3 种降尘措施，对施工现场洒水前后一小时的现场空气中扬尘(PM_{10})平均浓度进行监测，以此评价洒水措施对施工扬尘的防治效果。

监测工况：在土方、施工材料运输车辆进出工地前后采用洒水车降尘；厂区内吊机作业、钢结构加工时采用雾炮降尘；取土场日常出现飘土采用场界喷淋降尘；并分别于采取各种降尘措施前后一小时进行监测。监测结果情况见表 2-6。

表 2-6　施工现场采取降尘措施前后的现场 PM_{10} 防治效率

试验编号	降尘措施	采取措施前浓度/(mg/m^3)	采取措施后浓度/(mg/m^3)	防治效率*
1	洒水车	0.150	0.033	78%
2	雾炮机	0.783	0.083	89%
3	场界喷淋	0.217	0.067	69%

* 防治效率＝(采取措施前浓度－采取措施后浓度)/采取措施前浓度×100%

(2)施工工地在线监测。

选取麒麟镇站、青龙山隧道、马群站 3 个工区的在线监控数据,记录扬尘最大值,触发预警装置后,采取相应的降尘措施,记录采取措施前后 1 小时的结果,具体见表 2-7。

表 2-7　施工工地采取在线监控降尘措施前后的现场 PM_{10} 防治效率

工区	降尘措施	采取措施前浓度/(mg/m^3)	采取措施后浓度/(mg/m^3)	防治效率
麒麟镇站	洒水车	0.263	0.066	75%
青龙山隧道	雾炮机	0.548	0.083	85%
马群站	场界喷淋	0.286	0.084	70%

根据上述分析结果,现有的 3 种降尘方式中,雾炮机的降尘效率最高,在 85%左右,洒水车的降尘效率稍微低一些,在 75%左右,场界喷淋降尘效果最低,在 70%左右。

各施工场区现有的洒水降尘措施均可以有效降低施工现场扬尘排放,并未对周围大气环境质量造成影响,现行采取的洒水车、雾炮机、场界喷淋的扬尘控制措施对施工扬尘具有较好的控制效果。

(3)不同施工情况下洒水方式的选择。

不同施工阶段的施工工地,根据其施工扬尘的主要来源,选取不同的洒水降尘措施,可以更好地发挥其效益。

①在场地平整、基坑开挖、回填等大型土石方工程施工和桩基基础施工时,施工过程中会在短时间内产生大量的扬尘。对上述工序施工时及间断性的尘源,建议采用移动雾炮机进行洒水降尘。

②场区内临时堆土场等连续性尘源,产生点多,涉及面大时,建议采用场界喷淋装置,确保不对施工场界外部空气环境造成影响。

③在渣土外运后及材料运输卸载后,建议采用洒水车对场地进行洒水降尘,洒水车能冲洗场地,并保持场地的清洁。

综上所述,城市轨道交通建设工程在施工过程中,由于单项工程工序各不相同及单项工程的工程内容不同,其产生的施工扬尘的来源也有很大的差异。针对城市轨道交通工程施工扬尘来源的不同,分析了现行的扬尘控制措施,发现洒水是各施工工地典型有效且操作性强的施工扬尘防治措施。通过对各种洒水降尘措施的效果进行现状监测,根据监测结果,各施工工区现有的 3 种降尘措施中,雾炮机的降尘效率最高,洒水车次之,场界喷淋最低,以此提出了不同工序情况下的洒水方式的选取方案,以期更好地发挥洒水降尘措施的效益。

第四节　城市轨道交通工程噪声扰动影响评估及防治对策

一、城市轨道交通工程中噪声扰动的问题现状

近20年来，中国城市轨道交通快速发展，建成规模很大。截至2022年年底，共有55个城市开通城市轨道交通线路，总长达10291.95 km。其中，噪声源强及影响相对较大的地铁、市域快轨分别占77.85%、11.89%，二者之和达到89.74%。据调研，已开通地铁及(或)市域快轨的44个城市中，有超过30个以上的城市存在噪声振动方面的投诉，部分线路甚至在开通运营前的试运行阶段就被投诉。截至2022年年底，在建城市轨道交通线路达到5080 km。其中，地铁、市域快轨分别占84.4%、8.0%，二者之和达到92.4%。

据初步统计，至2035年规划建设的地铁及市域快轨总长至少超过了35000 km。因此，结合《中华人民共和国噪声污染防治法》及《"十四五"噪声污染防治行动计划》的要求，有必要对采用钢轮钢轨系统的城市轨道交通噪声影响加以研究。

二、钢轮钢轨系统噪声的组成及影响特点

1. 钢轮钢轨系统噪声主要组成

钢轮钢轨系统噪声主要包括轮轨噪声、车辆动力噪声、集电系统噪声、空气动力噪声及由振动传递至下部结构(桥梁)或邻近建筑物形成的二次结构噪声等。

对速度不超过160 km/h的钢轮钢轨系统而言，不良噪声影响主要是轮轨噪声及二次结构噪声，车辆动力噪声、集电系统噪声、空气动力噪声的影响较小。

地铁高架线噪声源强为80～90 dB(A)(列车通过时段等效A声级)，主要由主频为400～1000 Hz的轮轨噪声贡献，但在主频不大于200 Hz的频段，桥梁二次结构噪声影响较大(见图2-3)。

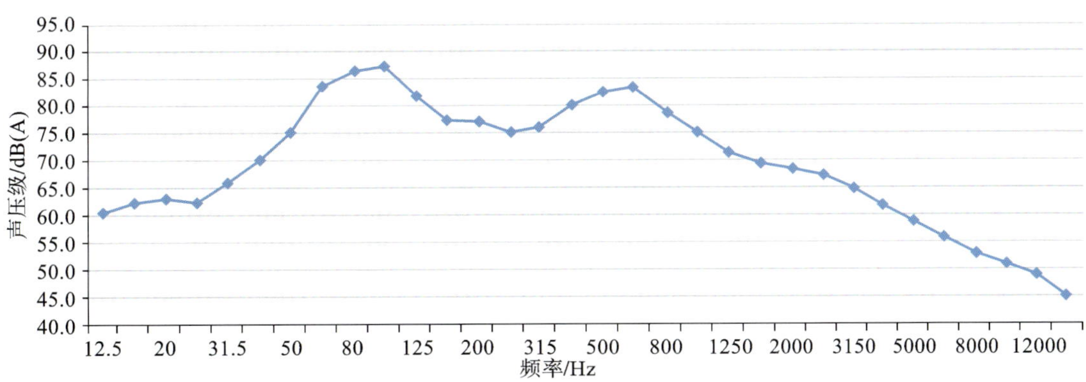

图2-3　典型的地铁高架线(混凝土梁)噪声频谱曲线

地铁地下线对沿线的噪声影响主要是轮轨振动传递至建筑物的梁柱、楼板及门窗所引发的二次结构噪声，主频不大于200 Hz，峰值为50～80 Hz，属典型的低频噪声，声级为35～

45 dB(A),某些情况下的声级可能会更大(见图 2-4)。

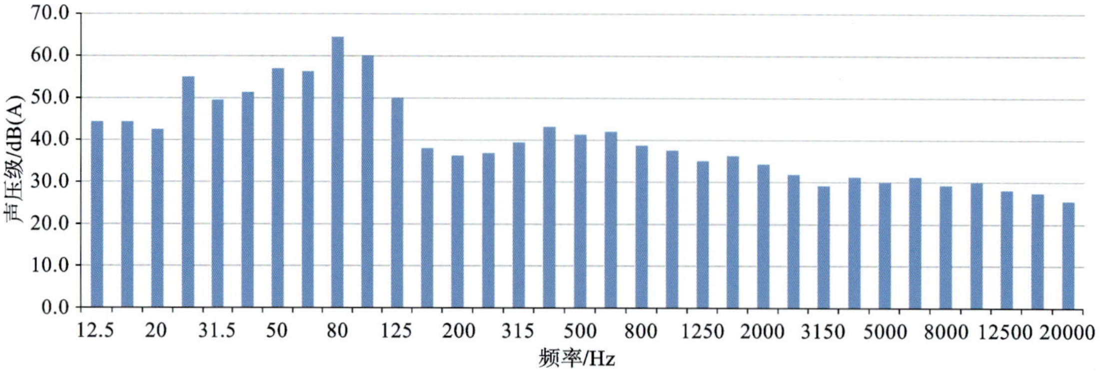

图 2-4　典型的地铁地下线邻近建筑室内噪声频谱曲线

2. 钢轮钢轨系统噪声影响特点

(1)持续时间长、发生次数多。

地铁列车每日 5:00—23:00 不间断运行,高峰时段每班间隔仅为 1.5～3 min,平峰时段每班间隔为 5～8 min,早晚时段的噪声影响相对较大。

(2)侵入感强。

列车通过时段的噪声比背景噪声的增量大,而且低频特征明显、侵入感强,尤其在背景噪声较小时更显突兀。

(3)运营后治理困难。

在不影响地铁正常运营的前提下,可采取的噪声治理措施很有限。对于高架线轮轨噪声,在承载能力及安装接口允许的情况下,尚能通过加装或改造声屏障进行适当改善,但对于桥梁结构噪声及地下线二次结构噪声,基本上只能采取更换减振扣件或加强轮轨状态维护措施以获得有限改善,很难达到理想的治理效果。

(4)社会关注度高。

与道路交通相比,地铁无论是投资规模、规划设计、施工建设还是开通运营,都受到较高的社会关注,一旦出现噪声影响问题,更易被投诉。

三、钢轮钢轨噪声影响问题的主要原因

1. 高架桥地段

(1)缺乏针对性的噪声控制指标及限值。

目前城市轨道交通噪声控制执行《声环境质量标准》(GB 3096—2008),该标准作为全社会声环境通用标准,采用昼间/夜间等效声级作为控制指标,难以体现城市轨道交通噪声影响的特点。

图 2-5 所示范例中,包含地铁噪声的环境噪声等效声级为 51.7 dB(A),满足 1 类区昼间标准,但列车通过时最大声级为 70.5 dB(A),相对于背景噪声 40.8 dB(A)的增量达 29.7 dB(A),侵入感、突兀感强烈。这也是很多情况下虽然环境噪声满足《声环境质量标准》(GB

3096—2008)，但仍招致投诉的主要原因。《建筑环境通用规范》(GB 55016—2021)给出建筑物外部噪声源传播至室内的噪声限值为昼间 35～40 dB(A)、夜间 30～40 dB(A)，2 类及以上区可放宽 50 dB(A)。若按该规范执行，存在以下问题。

①该规范适用于新建、改建和扩建民用建筑，而新建地铁沿线噪声敏感点主要为既有建筑，即使建筑本身满足该规范限值，但地铁开通后的噪声增量很可能会使室内噪声突破限值。

②该规范限值为关闭门窗状态下的连续等效 A 声级，但敏感建筑在春、夏、秋季往往都会开启窗户，地铁通过时段的噪声相对于现状噪声的增量仍会产生强烈的侵入感、突兀感。

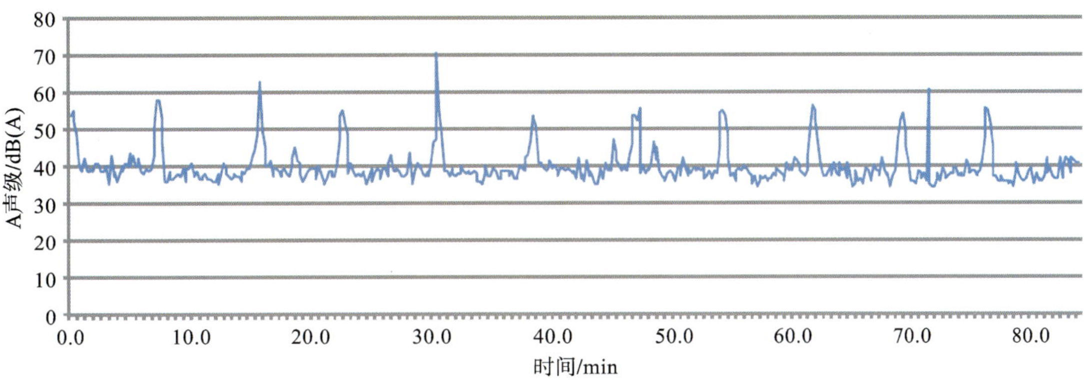

图 2-5　地铁高架线旁噪声时程典型范例

(2)环保流程与工程建设流程之间不协调。

城市轨道交通工程建设流程主要分为可行性研究(后简称可研)、初步设计、招标、施工图设计、施工及验收、试运行、开通运营 7 个阶段，而环保流程仅包括可研阶段环境影响评估(后简称环评)及开通运营阶段的环保验收 2 个阶段，仅在工程建设过程中存在较大变更时，才会实施补充环评，且补充环评深度与环评是一样的。项目可行性研究的工作内容主要是对各种建设方案进行比选论证，对工程建成后的财务效益、社会经济效益、社会影响进行预测和评价，为工程审批提供可靠依据。环评的基本任务包括：识别环境影响因子、确定环境影响评价等级、开展环境现状调查、开展现状监测及评价、预测建设项目对环境可能造成的影响，依据预测结果提出有针对性的防治对策，为建设项目环境管理提供科学依据。

由上可知，因项目可行性研究及环评的阶段性局限，环评难以满足施工图设计阶段具体敏感点噪声影响的精细化预测及降噪措施详细设计的需要，根据环评确定的敏感点、预测值及降噪措施，可能与实际情况及需求存在一定的偏差。

(3)部分线路轮轨关系方面出现问题。

近年来，越来越多的地铁运营线因钢轨表面出现短波波磨而形成 300～800 Hz 的啸叫噪声，严重时距线路 15 m 的噪声为 95～98 dB(A)，影响范围为 500～800 m，且声屏障无法解决此类问题。部分限速 100～120 km/h 快线甚至会出现全线系统性的钢轨异常波磨，由此产生严重的啸叫噪声。典型的地铁钢轨短波波磨情况见图 2-6，典型的地铁钢轨波磨引起的啸叫噪声频谱曲线见图 2-7。

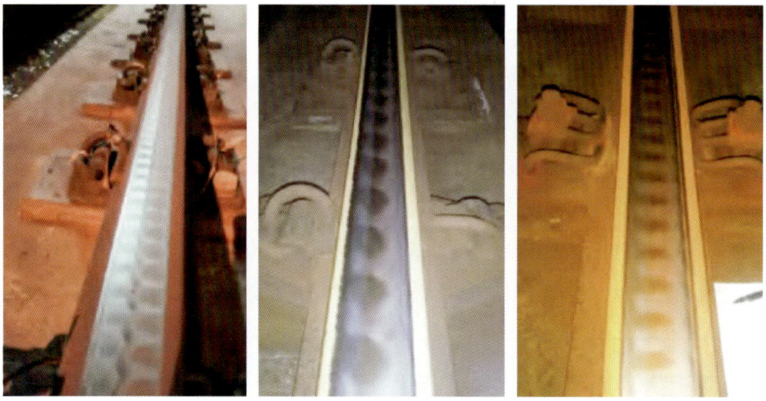

图 2-6　典型的地铁钢轨短波波磨

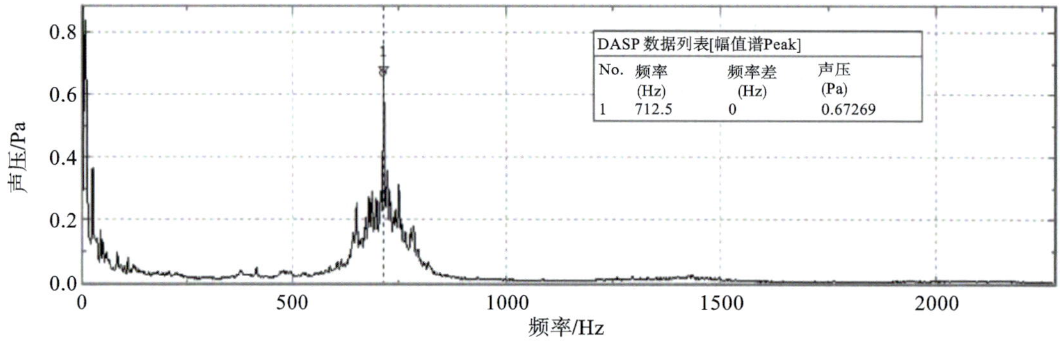

图 2-7　典型的地铁钢轨波磨引起的啸叫噪声频谱曲线

2. 地下线地段

(1)室内二次结构噪声相关标准不甚完善。

地铁在隧道内运行的轮轨噪声不会外传至地表建筑物，对地表建筑物的影响主要是列车的运行振动向外传递所致。地铁隧道邻近建筑物内 Z 振级通常为 60～70 dB，部分可能达到 80 dB。这种量级的振动引发的二次结构噪声(16～200 Hz)一般为 35～45 dB(A)，某些情况下还可能会更大。由《机械振动与冲击 人体暴露于全身振动的评价 第 1 部分：一般要求》(GB/T 13441.1—2007)可知，50％机警、健壮的人能察觉到的振动峰值为 0.015 m/s^2，振动达到 0.05 g 可使人感觉不舒服，在主频为 40～80 Hz 时，分别相当于 Z 振级 67～71 dB 和 93～101 dB。可见，《城市区域环境振动标准》(GB 10070—88)中“混合区、商业中心区”的昼间 75 dB、夜间 72 dB 的振动限值仅近似于“有感振动”，对人影响较小。

二次结构噪声以低频成分为主。低频噪声可直达人的耳骨，使人神经紧张、情绪异常、身体失调，对年老或体弱人群影响更大。室内二次结构噪声自建筑结构各部位发出，给人以“无孔不入、挥之不去”的侵入感，对人的伤害会更大。

根据《城市区域环境振动标准》(GB 10070—88)，邻近地铁的交通干线道路两侧第一排住宅振动限值为昼间 75 dB、夜间 72 dB。近年来很多这种住宅的居民都在地铁开通后进行了投诉，调查发现，大多数情况均是由于室内二次结构噪声过大。

可见，地下线对敏感人群的影响，主要是振动引起的二次结构噪声，可惜这在早期的地铁建设及运营中，并未得到足够的重视。

在《环境影响评价技术导则 城市轨道交通》(HJ 453—2018)发布之前，尚无专门针对城市轨道交通的环评导则。2008 年发布的《环境影响评价技术导则 城市轨道交通》(HJ 453—2008)对地下线二次结构噪声的预测，仅限于隧道正上方或距外轨中心线两侧 10 m 范围，2018 年发布的《环境影响评价技术导则 城市轨道交通》(HJ 453—2018)将二次结构噪声的预测范围扩大至 60 m。

根据 2009 年发布实施的《城市轨道交通引起建筑物振动与二次辐射噪声限值及其测量方法标准》(JGJ/T 170—2009)，即使室内二次结构噪声低于 35 dB(A)(4～200 Hz)，仍可能引起较高的烦恼度。

《建筑环境通用规范》(GB 55016—2021)给出了建筑设备传至住宅室内的噪声限值为 33～40 dB(A)，该限值为全频段连续等效 A 声级，其中 4～200 Hz 频段 A 声级虽比限值低 5～8 dB(A)，但因地铁通过时段会引起二次结构噪声，该规范的限值不一定比《城市轨道交通引起建筑物振动与二次辐射噪声限值及其测量方法标准》(JGJ/T 170—2009)更严。

中国香港地区的相关规定要求列车运行引起住宅室内二次结构噪声限值为 30～40 dB(A)，该限值为全频段 A 声级最大值，严于《城市轨道交通引起建筑物振动与二次辐射噪声限值及其测量方法标准》(JGJ/T 170—2009)中列车通过时段 4～200 Hz 的 A 声级。

美国《轨道交通噪声及振动影响评价手册》规定，住宅及有人睡觉的建筑由频发交通(＞70 次/天)引起的室内二次结构噪声限值为 35 dB(A)，该限值为列车通过时段全频段 A 声级，严于《城市轨道交通引起建筑物振动与二次辐射噪声限值及其测量方法标准》(JGJ/T 170—2009)中 4～200 Hz 的 35 dB(A)限值。

丹麦环境保护署 45 号文件规定，住宅 10～160 Hz 频段等效 A 声级昼间、夜间的限值分别为 25 dB(A)、20 dB(A)，全频段等效 A 声级昼间、夜间的限值分别为 30 dB(A)、25 dB(A)，如此严格的限值，可使人获得较为舒适的感受。

(2)室内二次结构噪声影响因素复杂、控制措施效果不明确。

地铁运行振动向地表建筑传递特性的影响因素虽多，但由于地铁振动方面的研究及测试成果非常多，所以已有一套较成熟的预测方法及控制措施。

室内二次结构噪声由地铁振动引发，但除上述众多影响因素外，还受室内位置、室内布置及室内声学环境等因素影响，《机械振动 轨道系统产生的地面诱导结构噪声和地传振动 第 32 部分：大地的动态性能测量》(GB/T 33521.32—2021)系列规范的内容就充分体现了这种复杂性，因此在工程应用层面对二次结构噪声进行精确预测存在困难。

虽然《环境影响评价技术导则 城市轨道交通》(HJ 453—2018)给出了室内二次结构噪声的预测公式，但前提是获得室内楼板振动速度级数据，而这方面的相关研究成果较少，数据积累欠缺。

此外，地铁工程中常用减振措施的减振效果基本都比较明确，但降低二次结构噪声的效果却并不明确，很多针对敏感建筑采取的减振措施均未能达到理想的二次结构噪声控制效果。

四、应对钢轮钢轨噪声影响问题的对策建议

1. 开展全面的基础性研究

(1)地铁高架线和地下线在典型工况条件下的噪声传递特性。

典型工况条件包括地铁运营相关的车辆类型及编组、行车速度、线路平面及纵断、桥梁隧道类型、轨道类型、减振降噪措施、车轨维护状态等,也包括敏感建筑相关的与线路相对位置关系、建筑类型、结构及状态等。采用广泛的测试调研并结合仿真计算的方法开展研究,不断积累,为更精准的噪声预测创造条件。

(2)地铁噪声对敏感人群的影响程度。

地铁噪声的因素包括时段、时长、频次、频率、声压级等,敏感人群的因素包括不同年龄段、职业、工作居住条件、身体状况、背景噪声状况等。采用社会调查、实验室测试等方法开展研究,为标准规范的优化修订提供技术支持。

(3)各种减振降噪措施对噪声的控制效果。

减振降噪措施包括各种声屏障、吸声材料、减振措施等;降噪效果评价包括不同的评价时长、噪声频段、声压级、对总噪声级的贡献等。

2. 修订和补充相关的噪声标准

在高架线满足《声环境质量标准》(GB 3096—2008)、地下线满足《城市轨道交通引起建筑振动与二次辐射噪声限值及其测量方法标准》(JGJ/T 170—2009)并结合《建筑环境通用规范》(GB 55016—2021)要求的基础上,有必要根据地铁运营时段、行车密度及噪声影响的特点,补充专门的噪声控制标准,主要可考虑以下几方面。

(1)在噪声控制区域方面,重点关注夜间有人睡觉休息的建筑,避免机械化地照搬声环境功能区的做法。

(2)细化早、晚过渡时段,并设置相应噪声限值。现行标准通常将昼间、夜间时段分别按6:00—22:00、22:00—6:00划分,昼间噪声限值比夜间大10 dB(A)。地铁每天的运营时段一般为5:00/5:30—23:00/23:30。在6:00—7:00及21:00—22:00这两个时段多数人处在休息或睡眠状态。因此,建议将昼间时段中的6:00—7:00及21:00—22:00时段设为过渡时段,过渡时段噪声限值取昼间/夜间噪声限值的中间值,比如1类区昼间、夜间噪声限值分别为55 dB(A)、45 dB(A),则过渡时段限值为50 dB(A)。

(3)在噪声控制指标方面,高架线宜将列车通过时段A声级作为控制指标,并以其相对于背景噪声的增量作为控制值。据初步分析,增量在一般情况下设为“≤10 dB(A)”、困难条件下设为“≤15 dB(A)”时,有望降低噪声影响。对地下线而言,前文分析表明,《城市轨道交通引起建筑物振动与二次辐射噪声限值及其测量方法标准》(JGJ/T 170—2009)的限值还有进一步优化的需要,但因数据和经验积累较少,室内二次结构噪声相对于背景噪声的增量如何设限等,还有待通过广泛深入的调研后才能合理确定。

(4)应补充背景噪声已超标情况下的噪声限值标准。《2022年中国噪声污染防治报告》显示,全国地级及以上城市1类至4a类声环境功能区的夜间达标率为66.3%~93.1%。地铁沿线背景噪声超标情况很常见,但现有规范中,仅见到北京市地方标准《地铁噪声与振动控制规范》(DB 11/T 838—2019)要求宜控制地铁引起的环境噪声小于0.5 dB(A),从部分

案例的噪声影响情况看，这一限值标准还有进一步优化的空间和需要。

3.强化地铁工程建设过程中的环保介入机制

在目前地铁工程建设可研阶段实施环评做法的基础上，针对噪声及振动等影响较大的重要环境因素，有必要在初步设计及施工图设计阶段实施相应的预测分析，这不仅能充分体现工程方案大小变更及沿线敏感点变化的影响，而且也符合噪声振动控制技术方案具体细化的需要。相应地，在现有环评导则预测方法的基础上，需逐步积累并形成一整套与初步设计及施工图设计深度相匹配的噪声振动详细（精细化）预测方法、导则及配套的审查管理规则。

4.提升噪声综合控制技术水平

(1)针对高架线空气传播噪声。

高架线噪声控制目前应用最多的还是声屏障措施，但声屏障整体应用技术水平还有待提高。例如，《地铁设计规范》(GB 50157—2013)及《地铁设计标准(征求意见稿)》中，声屏障声学构件吸声系数最低限值仅为0.5；《铁路声屏障声学构件》(TB/T 3122—2019)规定的声屏障声学构件吸声系数最低限值为0.7，而目前常用的吸声材料吸声系数完全可达到0.9以上。因此，应合理提高技术标准，推动声屏障应用技术水平的提升。现行环评导则因高架线噪声预测方式并未考虑桥梁二次结构噪声等多声源的问题，使很多地铁工程的环评内容未能纳入轨道减振控制桥梁二次结构噪声措施，即使建设和设计单位基于经验采取了一些轨道减振措施，但一般都是未经过预测分析的定性措施，实施效果或技术经济性不佳。实际上，现有技术能力已完全可满足工程应用精度和效率要求的多声源噪声传递简化计算分析，若在初步设计及施工图阶段应用，可使高架线综合降噪技术方案更科学合理。

(2)针对地下线二次结构噪声。

地下线轨道减振技术措施的应用已十分成熟，虽然各种措施降低二次结构噪声的效果缺乏数据积累，但减振效果基本上是明确的。此外，这些年也积累了一些室内振动与二次结构噪声及敏感人群感觉的数据。因此，现阶段可通过适当加严室内振动限值、提高减振措施等级的方式，实现更好的二次结构噪声控制效果。

另外，大量经验已经表明，轨道减振措施过多、过于复杂，会给地铁运营线的轮轨关系及运行状态带来诸多问题。目前阶段，具备可行性的非轨道减振措施主要包括以下两点。

①切实提高轨道平顺性以及车轮的圆顺度，可大幅降低振动源强。

②甄选适宜的车辆型号、参数及供应商。

总之，中国城市轨道交通各相关单位投入了大量成本开展与噪声影响相关的研究、设计、建设、运营、维护及改造工作，解决了大部分问题，尚未解决的问题基本都是难度更大的综合性、深层次问题。高架线与地下线交通噪声因传播方式及特征的不同，面临的具体问题有所差异。为解决这些问题，从长远考虑，应开展全面的基础性研究，并适时对噪声相关标准进行修订、补充和完善。目前可采取的措施包括强化工程建设过程中的环保介入机制，吸取现有噪声控制方面的经验与教训，从一些真正可行的技术改进措施入手，不断提升噪声综合控制技术措施水平。通过一定阶段的努力和发展，城市轨道交通噪声影响问题是能够得到彻底解决的。

第五节 城市轨道交通工程环境振动影响评估及防治对策

城市轨道交通作为一种高效的交通组织形式，在满足城市居民出行需求，降低对路面交通的干扰方面具有重要的作用。但是由于城市轨道交通车辆与轨道间的相互作用，在列车运行的同时会产生一定程度的振动，这种振动会进一步导致轨道周边环境以及地上建筑物内部产生二次结构噪声，一旦某条线路建成，这种对建筑自身安全以及其中人员的影响将是长期的。

在城市轨道交通振动研究方面，可以根据振动传递的路径将研究对象分为三个方面，分别是振源、传递路径和影响对象。对作为振源的轮轨系统而言，已有大量的关于车辆动力学模型、轨道动力学模型、激励模型以及轮轨接触力学方面的研究。在传递路径，因为轨道通常以隧道内地下线、地面面上线、桥梁高架线三种方式存在，这也决定了轨道外的振动传递路径和环境。对于高架线，轮轨系统的振动通过扣件传递到道床，再通过墩柱传递到基础上，最后通过土体向周围的环境进行传播。而对于非高架线，道床中的振动将直接通过土体传播到周围的环境中。针对这些振动传递路径，部分学者研究了多种措施对这些路径进行阻隔，减少其向外界环境传递的能量。针对某些需要特殊减振保护的对象，学者们根据对象的特点，结合其周围城市轨道交通振动环境的实际情况做了大量工作，对于对象的保护起到了良好的效果。

2022 年 6 月，《中华人民共和国噪声污染防治法》实施，其中第六章对交通运输噪声污染防治进行了规定。这也表明，城市轨道交通的运行对于周边环境的影响必须作为噪声污染防治的对象予以考虑。

一、城市轨道交通工程环境振动的传播路径

随着城市建设规模的增大，部分城市的城市轨道交通线网的建设密度越来越密集，这也导致受到其影响的区域涉及住宅区、商业区和工业区，且城市轨道交通线路与各种建筑、设施的距离也越来越近。这意味着越来越多的人员将在线路周围生活、工作。由于城市轨道交通运营的长久性，其造成的振动对于人的影响也是一个不可忽略的问题(见图 2-8)。

二、城市轨道交通工程环境振动对邻近建筑的影响

由于城市轨道交通是作为城市公共交通的一种重要解决方案，其线路一般分布于人口密集或客流集中的区域。城市轨道交通由于其自身特点，通常沿着主干道进行建设，特别是地铁。这种建设方式可以避免隧道等地下构筑物与周围建筑物桩基等的相互干扰，减小工程施工对周围建筑物的影响，也可减少自身施工的复杂程度。

由于城市轨道交通这种沿路而建的特点，在线路的周围存在大量的建筑物。而这些建筑物的桩基与线路之间的直线距离一般较近，约数十米。在车辆运行的过程中，轮轨系统产生的振动，由钢轨通过扣件、道床等向周围的土体传播，最后通过建筑的桩基传递到建筑物中。

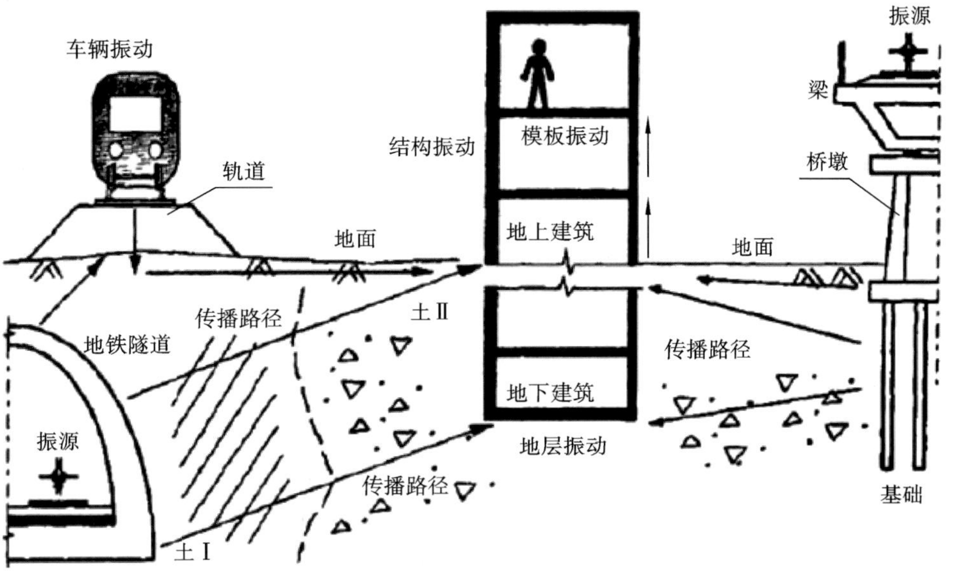

图 2-8　城市轨道交通工程环境振动的传播路径

虽然城市轨道交通所产生的能量相较于地震造成的瞬时影响要小很多，但是其长期、反复发生，对于隧道及建筑物的结构而言，这种作用易造成疲劳损坏，严重时甚至会导致建筑物局部失稳、沉降和开裂等问题。

建筑物受到的振动影响不仅与城市轨道交通中的列车轮轨系统的振动强度有关，也会因其自身结构特点而异，如构造形式、桩基类型、建筑高度和与线路的距离等。

一般而言，列车运行速度越快，其周围建筑内的振动也就越大。对于中低层的建筑则是楼层越高振动越大；对于高大钢筋混凝土建筑，由于其固有频率远低于激振频率，其自身难以发生较大振动，减振量可达 10～20 dB；对于普通的砖混结构的建筑而言，减振量会有所减小。对于一些基础较差的建筑，其自身的振动量可能与土壤的振动量相当，即无减振效果。

建筑物与隧道之间的距离决定了振动传播的远近，一般距离越远受到的振动影响越小。

三、城市轨道交通工程环境振动对人体产生的影响

振动如同常见的噪声污染和水污染一样，是评估环境质量的一项重要指标。政府相继颁布了《中华人民共和国噪声污染防治法》《城市区域环境振动标准》(GB 10070—88)和《环境噪声与振动控制工程技术导则》(HJ 2034—2013)等法律法规对城市轨道交通工程的振动控制做出了要求。

振动对于人体产生的影响可反映在泌尿、消化、神经和运动等系统。而且每个人因为个体的差异，对于振动的承受能力也不尽相同。

振动作为一种机械作用，其对人体的影响由振动频率、振动强度和人体暴露的时间三个因素决定。

而在上述三种因素中，频率起着主要作用。人仅能够感知到频率区间在 1～1000 Hz 的

振动，但是由于人体各个组织的共振频率的原因，人对 1～80 Hz 的振动尤为敏感。而当振动频率不变时，振动强度越大，对人体的影响越大。除振动频率和振动强度外，人体暴露在振动环境中的时间对人体也有明显的影响。所以对于经常工作于振动环境下的人群，为保护其身心健康，对于不同振动强度环境下的工作时间应有相应的规定。

四、城市轨道交通工程环境振动对仪器设备的影响

不同的仪器设备都有着自身的使用环境要求，对于一些精密仪器而言，振动是影响其精度的重要因素。随着中国城市轨道交通的快速发展和大量精密设备仪器的广泛使用，城市轨道交通线路穿过设备仪器场所在的区域是十分常见的。由于各类仪器设备对于所处环境的振动状况均具有一个限值，若因列车运行引起的振动超过这一上限，必然会导致其所测量的数据不准确、不稳定，影响到仪器的正常使用。如这种振动过于强烈，甚至可对仪器结构产生损坏，使其使用寿命大幅缩短。

五、城市轨道交通工程环境振动防治对策

1. 振动控制措施

在《地铁设计规范(征求意见稿)》中，曾建议按照 Z 振级减振量的大小将减振要求划分为：初级(≤5 dB)、中级(5～10 dB)、高级(10～15 dB)和特殊减振(≥15 dB)四种等级。虽然在后续正式发布的《地铁设计规范》中未再明确提出减振量的范围，但在地铁设计实践中，基本上仍以上述减振量范围作为减振轨道选择的依据。为减轻列车运行所产生的振动对环境的干扰，不同的减振路段需要根据其减振要求，结合其线路周围环境的特点，采取不同的措施进行综合考量。而线路振动的控制措施，从结构上，按照从上到下的顺序可以分为振动源治理、扣件系统减振和道床系统减振三种措施。

2. 振动源治理

在振动源治理方面，很多的研究关注在轮轨之间的相互作用方面，比如波磨等。基于这些研究成果，对于线路的设计也提出了一些好的建议，比如采用无缝线路，保证了轮轨相互作用的平顺性，减少了相互冲击带来的振动。另外比如在小曲线路段钢轨工作边涂抹油脂，定期对钢轨廓形修整，对车轮型面旋削等。

3. 扣件系统减振

扣件作为将钢轨固定在轨枕上的部件，其自身具有一定的刚度，其对钢轨的作用属于一种弹性限制。根据振动力学的知识，通过选择不同刚度和阻尼的扣件系统，结合线路的行车特点，车辆运行过程中所产生的振动即可得到一定程度的隔离，降低其对外界的影响。根据现有的研究成果可知，利用扣件系统实现减振，一般也只可达到中等减振的要求，即减振量为 5～10 dB。

4. 道床系统减振

相比于直接对道床板进行支撑的轨道结构形式，扣件系统实质上是仅对钢轨及车辆进行了弹性支撑，其弹性支撑上部的总质量较小，自身固有频率较高，所以根据隔振原理，其隔振量不如道床系统减振措施大。特别是对于高级钢弹簧浮置板道床系统，其固有频率在 10 Hz 左右，减振量在 15 dB 以上。钢弹簧浮置板道床系统是利用内置的钢弹簧隔振器将道

床、钢轨一起支撑起来,使之呈悬浮状态,见图 2-9。其铺设与更换技术均已成熟,在国内城市轨道交通中得到了广泛的应用。

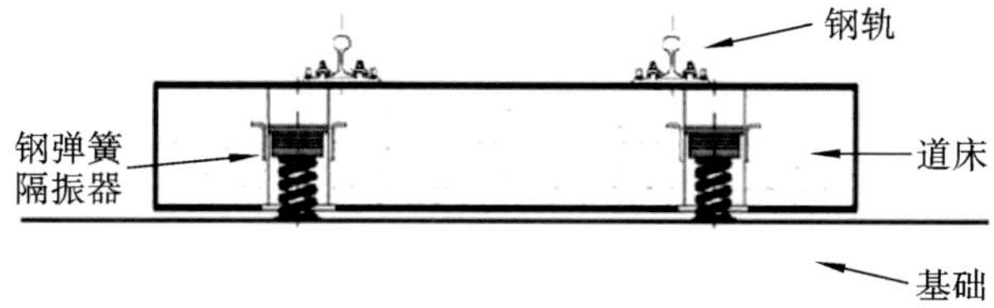

图 2-9　钢弹簧浮置板道床系统

针对现有的一些减振措施,对其按照减振等级进行分类,如表 2-8 所示。根据表 2-8 中不同措施所对应的减振量,可为线路设计提供参考。

表 2-8　减振等级与措施

减振等级	减振措施
一般减振 (≤5 dB)	普通 DT 系列扣件、WJ-2 型扣件
中等减振 (5～10 dB)	Ⅰ型、Ⅱ型、Ⅲ型轨道减振器、Vanguard 扣件、Lord 扣件、双层非线性减振器、梯形轨枕、弹性整体道床
高等减振 (10～15 dB)	橡胶减振垫道床、中等钢弹簧浮置板道床
特殊减振 (≥15 dB)	橡胶弹簧浮置板道床、高等钢弹簧浮置板道床

总之,城市轨道交通的振动问题所涉及的原因多种多样,进行源头控制的难度极大。现有的控制方式以减少“车辆一线路一轨道”相互作用产生的振动源的控制与阻隔线路上所产生的振动向外界环境进行传播的路径为主。通过长期的研究与实践,在城市轨道交通振动控制领域,特别是轨道系统的振动控制方面,已经有大量的措施可以应用,在进行线路设计时可根据不同地段的减振需要,同时考虑经济性进行选用。

第六节　城市轨道交通工程地下水环境影响评估及防治对策——以包头市地铁 1 号线工程为例

地下水是十分宝贵的水资源,随着中国地下水环境保护工作的逐步加强,为进一步增强地下水环境影响评价导则的科学性、针对性、规范性,2016 年 1 月 7 日,《环境影响评价技术导则 地下水环境》(HJ 610—2016)(以下简称《技术导则》)修订发布。《技术导则》准确定位了其适用范围,明确了环保部门关于地下水环境管理的重点和边界,将制定科学合理的环保措施作为环评的关注重点,加强了地下水环境影响预测的针对性。由于不同类别的建设项目对地下水环境的影响不尽相同,下面以包头市地铁 1 号线项目的地下水环境影响评价为例，重点探讨地下水环评中应注意的几个关键技术问题，为《技术导则》在地铁建设项目中的具体应用提供借鉴意义。

一、工程概况

包头市地铁1号线全线长27.4 km，共设22座车站，全线均为地下线。1号线全线设一段一场，车辆基地位于包头市二道沙河以西、南黄线以北同官村北侧地块，占地约37.6 ha。停车场位于昆河西路以西，团结大道以南地块内，占地约14.1 ha。整个城市轨道交通线网共用的控制中心一座，主变电所两座。

二、评价工作任务及工作程序

该项目地下水评价工作的任务主要有识别该项目地下水环境影响，确定评价工作等级；进行项目区的地下水环境现状调查与评价；预测和评价该项目车辆段与停车场工程对周边地下水水质可能造成的直接影响，提出相应的污染防控措施及对策，制定具体的地下水跟踪监测计划和应急预案。根据《技术导则》，地铁项目地下水环境影响评价工作程序有四个阶段：准备阶段，现状调查与评价阶段，影响预测与评价阶段，结论阶段。该项目的地下水环境影响评价按照这四个阶段逐步开展。

三、地下水评价中的几个技术要点

1. 评价工作等级的判定

依据《技术导则》附录A，城市轨道交通项目机务段为Ⅲ类，其余为Ⅳ类。根据相关资料及现场调查，该项目车辆段及停车场周边无集中式饮用水水源地保护区及特殊地下水资源保护区，且不在补给径流区，属于地下水不敏感地区，可确定本工程地下水环境影响评价工作等级为三级。

2. 现状调查与评价

该工程为线性工程，根据《技术导则》规定，对于车辆段与停车场，由于评价工作等级已经确定，可直接采用查表法，确定地下水环境影响调查评价范围为车辆段与停车场工程周围6 km^2范围内。

对于区间隧道，调查评价范围应为线路工程边界两侧向外延伸200 m的范围。相关资料及现场调查表明，线路评价范围内涉及该地区1＃水源井及3＃水源井，1号线沿线水源井分布和1号线与水源井的位置关系见表2-9、图2-10。

表2-9 1号线沿线水源井分布表

序号	线路名称	水井编号	水源类型	线路敷设方式	距离/m
1	1号线	1＃	孔隙承压水	地下	145
2	1号线	3＃	孔隙承压水	地下	115

根据相关资料，该水源井保护区范围为以水井为中心，半径50 m的圆圈范围，线路未穿越水源井保护区，且水源井保护区在线路两侧200 m范围内，该项目水源井路段的区间评价范围不需要进行调整。

图 2-10　1 号线与水源井位置关系图

根据《技术导则》,城市轨道交通区间隧道工程为豁免类项目。从水文地质条件上看,工程范围内潜水与孔隙承压水之间水利联系微弱,临近水源井路段开挖深度最大为 25 m,工程建设难以影响到承压含水层。因此,该次评价工作不考虑工程建设对水源井的环境影响,但应收集水源井相关资料,掌握水源井现状水质、水位情况,在资料不足的情况下,可对水源井水质、水位进行现状监测调查。

由于该项目车辆段及停车场选址现状用地主要为村庄与耕地,场地周边范围内无同类建设项目,因此,该项目现状调查中不考虑地下水污染源调查。

根据对车辆基地与停车场现场调查,同官村车辆基地下游同官村村民饮用水为市政供水,包钢停车场选址下游无农村地下水饮用水源地。同官村车辆基地西北侧毛凤章村、包钢停车场北侧西河愣村各有一口自建水井供村民饮水,本工程地下水现状监测点位置关系见图 2-11、图 2-12。

3. 地下水影响预测与评价

城市轨道交通建设项目对地下水环境的影响集中在施工期和运营期,因此,地下水评价分为施工期和运营期地下水环境影响。

(1)施工期。

根据类比调查,城市轨道交通工程项目施工时,地下水的污染源主要为随意排放的废水,而废水的产生主要来自以下几方面。

①现场施工人员日常生活产生的生活污水。

②施工机械、车辆等冲洗污水。

③散体材料的运输与堆放,经降雨径流产生的渗滤液。

④区间隧道开挖产生的隧道施工降水。

⑤隧道施工中的衬砌注浆产生的注浆液。

⑥盾构钻机等产生的泥浆,与水体混合后产生的泥浆水。

图 2-11　车辆基地与监测水井位置关系图

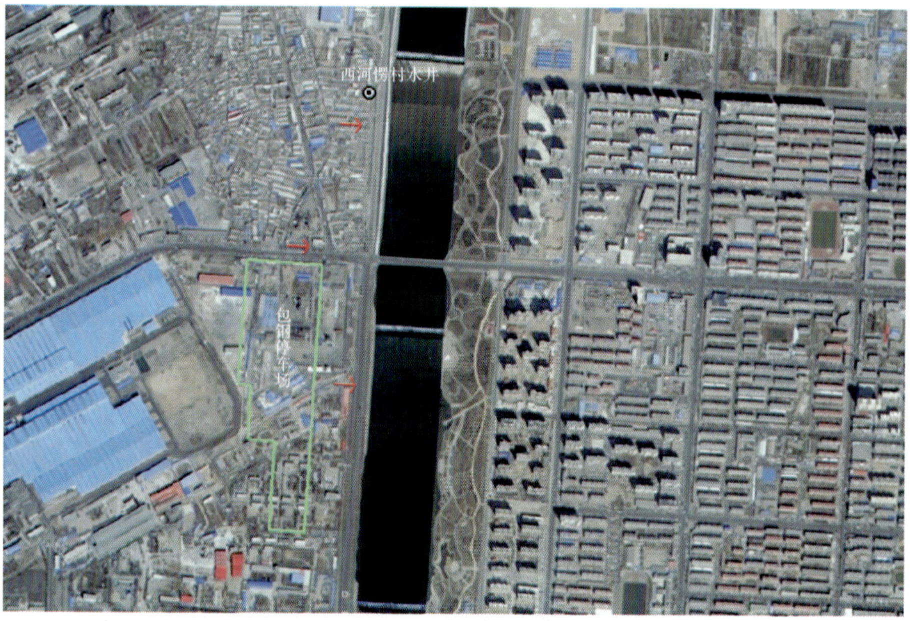

图 2-12　停车场与监测水井位置关系图

这些废水的影响分析如下。

①一般情况下，施工单位在施工场地附近租用当地房屋作为办公、生活场所，生活污水可通过市政污水管道进入城市污水处理厂进行集中处理，不会污染当地水质。

②针对施工场地内的冲洗废水及施工泥浆污水，应在设计上要求设置截水沟、排水管道及沉淀池，保证污水经沉淀处理后回用，泥浆经干化后交当地渣土管理部门处置。

③散体建筑材料露天堆放时，要求加盖防水油布，避免降雨径流冲刷产生的渗滤液污染地下水。

④隧道和地下车站施工过程中，采取严密的防排水措施，以避免影响地下水环境。

可见，严格落实设计上的环保措施后，施工过程中产生的污染物不会进入地下水，在做好施工场地地面、排水管道、沉淀池等设施的防渗措施后，可有效阻隔施工污废水中的污染物进入潜水含水层。因此，做好相应的环保措施后，地铁项目的施工基本不会对地下水水质产生明显影响，施工期间项目场地能够维持地下水水质现状。

(2)运营期。

按《技术导则》相关要求，该次地下水环境影响评价级别为三级，根据建设项目自身性质及其对地下水环境影响的特点，预测和评价项目运营后对地下水环境可能造成的影响和危害。

①预测范围。

该项目应以项目区潜水含水层作为目标含水层，分别预测车辆段与停车场对目标含水层的环境影响。预测范围与其相应的调查评价范围一致。

②预测因子。

第四系潜水是本项目主要影响对象与保护目标。该项目运营过程中污染物主要为车辆段与停车场产生的生活污水及少量含油废水，新增生活污水主要污染指标为 pH 值、CODcr、BOD_5、氨氮、SS；新增生产废水主要污染指标为 pH 值、CODcr、SS、石油类。《技术导则》规定，应对建设项目中特征因子采取标准指数法进行排序，取标准指数最大的因子作为预测因子，在此应根据污水中的污染物浓度选取代表性指标进行预测。

③情景设置与预测源强。

该项目情景分正常工况和非正常工况。正常工况下，预测源强主要参照依据为相关设计规范及同类项目正常运营条件下的污废水监测数据。非正常工况下，车辆段与停车场污废水渗漏量应不小于正常工况的 10 倍；环保设施防渗膜的失效面积应不小于设备总防渗面积的 1‰。

④预测模型概化。

该项目非正常工况下污废水泄漏，其污染物的排放对地下水流场不会产生明显影响，项目场地内含水层基本参数不变或变化很小，根据《技术导则》的规定，可采用解析法进行预测。

地铁设计初测阶段，对于预测所需要的含水层渗透系数、给水度等水文地质参数，应以收集资料为主，不满足要求时，应对车辆段与停车场场地钻孔进行必要的水文地质试验，以获取场地内基本的水文地质参数。

根据对项目场地水文地质条件分析，该项目车辆段与停车场评价范围内地下水以水平方向径流为主，将项目场地周边地下水渗流简化为一维稳定流动的水动力弥散模型，水动力弥散方程如下。

$$C(x,t)=\frac{m/w}{2n\sqrt{\pi D_{\mathrm{Lt}}}}\mathrm{e}^{\frac{(x-ut)^2}{4D_{\mathrm{Lt}}}}$$

式中：x——距污染泄漏点距离，m；

t——时间，d；

$C(x,t)$——t 时刻 x 处污染物浓度，mg/L；

m——污染物质量，kg；

w——横截面面积，m^2；

u——水流速度，m/d；

n——有效孔隙度，无量纲；

D_{Lt}——弥散系数，m^2/d。

⑤预测与评价。

该次预测考虑在车辆段与停车场污水防渗措施有无发挥作用，以及车辆段与停车场污水是否直接进入地下水的工况条件下，引起的场地地下水中特征因子的变化情况，因此，本次预测以车辆段及停车场污水对地下水水质的影响为重点。

根据《技术导则》，本次工作选取污染发生后 100 d、365 d 及 1000 d，分别对车辆段、停车场污水泄漏进行了预测。预测结果显示，场地维修车间、化粪池等的泄漏，在 1000 d 时，预测因子浓度均已低于相应的地下水质量标准，且预测因子最大迁移距离未超出场区范围。

同时，经现场调查，车辆段与停车场下游村庄饮用水均来自市政供水，未发现集中式饮用水水源井分布，可见，项目建设不会影响到场地周围居民的生活用水水质。

四、环保措施与对策

地下水环境的污染具有滞后性、隐蔽性、难恢复等性质，地下水环评是从源头控制污染的第一道关卡，而地下水环境保护措施是进行地下水环境影响评价的主要目的，是环保预防和控制的重要手段。该项目地下水环保措施应结合场地特征与项目的实际特点，兼具针对性、有效性和可操作性。

1. 污染防控对策

针对该地铁项目对区内地下水环境的影响，特提出以下的保护措施和建议。

(1)由于施工排水量较大，在条件具备时，可以考虑将抽排的地下水回灌地下，但不得污染地下水水质。

(2)在基坑开挖和隧道掘进过程中，应保持施工机械清洁，文明、规范施工，避免油脂、油污等跑冒滴漏的现象进而污染地下水。同时，做好施工、建筑、装修材料的存放、使用管理，避免受到雨水冲刷而进入地下水。

(3)施工期产生的生活垃圾应集中管理，统一处置，防止废液渗入地下污染水质。车辆段及停车场等工程的污水处理设施应采取防渗漏措施，确保不污染地下水。

(4)分区防渗处理。本项目建设运营过程中会产生生活污水及少量生产含油废水，根据项目场地天然包气带防污性能、污染控制难易程度及污染物类型，确定本工程车辆基地内检修区、洗车库及污水处理站为一般防渗区，停车场内洗车库及污水处理站为一般防渗区。应对以上区域采取相应的防渗措施，防止污水泄漏而污染地下水环境。

(5)总图布置上，应注意将检修区布置在远离地下水水井的一侧。

2. 跟踪监测计划

工程建设及运营期，应对车辆段与停车场周边地下水环境进行定期监测。本工程场地周边的毛凤章村、西河愣村水井应作为重点监测对象，各设置一个监测点，另外，应于车辆段、停车场下游各设置一个监测点，并建立跟踪监测制度及地下水污染应急预案。

综上所述，城市轨道交通项目属于线性工程，应重点关注车辆段、停车场等可能产生地下水污染的工程；对于区间隧道涉及集中饮用水水源地保护区或补给径流区时，应收集水源地保护区相关资料，必要时可进行现状调查与监测，并提出施工期水源井保护措施；在地下水环境影响预测与评价工作中，应重点关注场段下游村民饮用水井；地下水环境保护措施，应以源头控制和分区防渗为根本对策，重点关注可能产生地下水污染的工作区，在场地布置时，尽量远离地下水较敏感的一侧。

第七节　城市轨道交通车辆基地污废水影响评估及防治对策

污废水处理及其水环境影响是城市轨道交通车辆基地设计需要考虑的重要内容。目前，该领域的研究仅限于车辆段含油废水处理，而未见对场站（含停车场）的废水产污环节、废水治理达标论证及水环境影响等问题的研究。本书结合某城市轨道交通车辆基地污废水处理设计、环评工作实例，梳理了污废水产生、处理、排放等各阶段的工作内容，针对污废水处理和水环境影响等问题提出解决方案，以期为同类项目污废水处理、环保设计及环境影响评价工作提供参考和借鉴。

一、污废水来源

车辆基地承担城市轨道交通车辆运用管理，整备保养、检查及检修等工作，其场区内通常配备检修库、列检线、洗车线等生产设施。运营期污废水包括：车辆检修废水、车辆清洗废水、职工生活污水。

1. 车辆检修废水

车辆定修、列检作业时需要用水清洗转向架、轴承及轮对等部件。转向架检修间、轴箱检修区和吹扫库是含油废水的主要来源。检修废水量随着检修任务和检修周期而变化，其特点为间歇性排放。检修废水中的污染物控制项目主要为石油类、COD（化学需氧量）、SS（悬浮物）等。其中石油类污染物主要为润滑油和机油，并以浮油和分散油为主（约占石油类的 80%）。

2. 车辆清洗废水

车辆基地一般采用洗车机洗刷车辆。其污染物控制项目主要为 COD、SS、LAS（阴离子表面活性剂）、石油类等。清洗废水水量可以根据每天清洗车辆的数量采用定额法核算。清洗废水的水质和水量相对比较固定。

3. 生活污水

来源于办公楼、食堂、宿舍楼及浴室等，其主要污染物控制项目为 COD、氨氮、SS、BOD_5（五日生化需氧量）等。生活污水的水质、水量比较固定，其水量一般根据定员采用排污系数法确定。

二、污废水处理及水环境影响评估

1. 污废水水质

车辆基地水环境影响评价的重点是核算污废水产生量、处理量、排放量，以及排污口水质的评价。针对生产废水和生活污水，应分别提出治理对策。正常运营阶段，生产废水具有随检修周期间歇性排水，水量不稳定、含油量较高等特点。废水水质确定时可采用类比资料法，选择与拟建工程相似的参数(废水来源、废水类型、主要污染物的种类、排放方式、排放去向、排放点、排放量等)进行对比。采用类比资料时，应说明引用数据的来源，且必须是公开发表的资料数据。水污染物评价指标数据见表 2-10。

表 2-10 水污染物评价指标数据

废水类型	污染物控制项目				
	pH 值	COD/(mg/L)	石油类含量/(mg/L)	SS/(mg/L)	BOD_5/(mg/L)
生产废水	6.5～8.0	100～150	30～60	90～150	10～20
检修废水	7.7	230	50	80	—
洗车废水	7.3	250	15	160	—
含油废水	6～10	50～400	5～100	50～300	—

2. 区域市政设施可依托性

城市轨道交通的车辆基地，应在设计阶段调查既有及规划的污水处理厂的处理能力、集水范围、管网建设情况等，结合城市轨道交通运营时间，论证依托市政设施的可行性。

某城市轨道交通 1 号线(简称“C1 线”)工程建设周期约 5 年，2022 年投入运营。C1 线车辆基地位于规划的 A 污水厂服务范围内。根据规划，A 污水厂将于 2020 年前完成建设。综合考虑各种信息，C1 线车辆基地运营期具备接入市政配套的条件。

由于城市区域发展不均衡，部分区域市政污废水管网设施不齐全，某些车辆基地污废水不能纳入城市污水处理厂处理。对于这类场站，可采用废水回用来减少外排废水量。针对外排污废水应明确排放去向、排放标准、纳污水体的环境容量等，分析污废水处理方案达标排放的可行性和环境影响的合理性。

3. 污废水泄漏对地下水的影响

由于城市轨道交通车辆基地(车辆段)在车辆整备、检修作业中会产生含油废水，应重视该类站场的地下水影响评价。

C1 线车辆基地已对污废水池等设施采取防渗措施，运营期正常状况下，能有效阻隔废水与外部水环境联系，其废水对地下水基本无影响。在非正常状况下，一旦污废水处理设施或地下水防渗措施失效，则污废水可能会连续注入地下水含水层。

针对车辆基地污废水特征，选取 COD 和石油类等污染物项目进行分析。车辆基地周边区域地下水以水平方向径流为主，可采用一维稳定流动的水动力弥散公式预测污染物浓度分布。表 2-11 为该车辆基地地下水污染扩散预测结果。

表 2-11　C1 线车辆基地地下水污染扩散预测结果

污废水泄露后时间/d	污染物控制项目	标准值/(mg/L)	检出限值/(mg/L)	超标距离/m	影响距离/m
100	COD	3.0	0.05	32	43
	石油类	0.3	0.01	35	44
300	COD	3.0	0.05	61	81
	石油类	0.3	0.01	67	83
1000	COD	3.0	0.05	133	171
	石油类	0.3	0.01	145	174

由表 2-11 可知，当该车辆基地污废水发生泄漏后 300 d 时，在泄露点下游 61 m 范围内 COD 出现超标，在下游 67 m 范围内石油类出现超标现象。虽然该车辆基地污废水泄漏造成的地下水污染范围有限，但地下水一旦受到污染，其治理难度较大。因此针对污废水池、处理系统及污泥临时贮存场所等可能发生泄露的区域应采取严格的防渗措施（如采取 2 mm 厚高密度聚乙烯，渗透系数≤10 cm/s 进行基础防渗）；加强废水设施运营管理和废水监测，及时掌握污废水水质、水量情况；定期通过观测井对特征污染物监测。

通过采取上述措施，可有效减少渗漏事故发生的概率，及时发现污染源并采取补救措施，防范非正常状况下废水对地下水污染。

4. 含油废水污泥处置及影响

《建设项目危险废物环境影响评价指南》已于 2017 年 10 月 1 日起施行。但目前城市轨道交通环评工作仍存在着对危险废物不够重视等问题，大部分项目以定性分析为主。

车辆基地废水处理产生的含油污泥、废油及含油浮渣等属于危险废物，其类别为“HW08”废矿物油与含矿物油废物，代码为“900-210-08”（油/水分离设施产生的废油、油泥及废水处理产生的浮渣和污泥（不包括废水生化处理污泥））。城市轨道交通项目的设计及环评，应根据相关规范的要求，强化危险废物处理处置措施，并根据地下水评价要求对危险废物产生、贮存场所采取防渗措施。

三、污废水处理工艺及处理效果

1. 废水产污环节及污废水量分析

C1 线全长约 30 km，有 25 座车站，设置 1 处车辆基地、1 处停车场。根据同类项目车辆基地运营经验，列车每 3 天进行 1 次列检，每 3 个月进行 1 次三月检，当车辆运行 300000 km、600000 km 时进行车辆重点维修和全面检修工作。车辆的运用、检修工艺流程及废水排污环节见图 2-13。车辆基地检修废水量相对较高，但受检修周期、检修量等影响，其水质及水量均不稳定。车辆基地生活用水量按定额计算，生活污水按生活用水量的 95% 核算。生产用水及排水情况根据工艺与生产情况确定，由相关设计专业提出。C1 线车辆基地用水量、排水量情况详见表 2-12。由表 2-12 可知，车辆基地总用水量为 269.6 m^3/d、排水量为 190.1 m^3/d、损耗量为 79.5 m^3/d。车辆基地生产废水的排水量为 86 m^3/d。

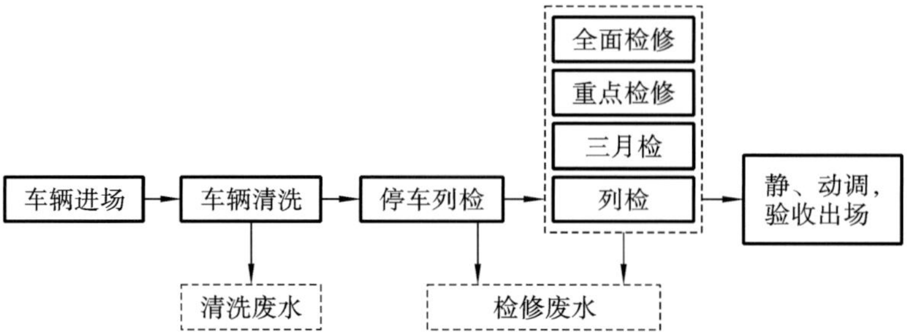

图 2-13　车辆运用、检修工艺及废水排污环节图

表 2-12　车辆基地用排水量表(m^3/d)

分类	用水量	排水量	损耗量
日常生活	109.6	104.1	5.5
检修作业	60.0	54.0	6.0
洗车作业	40.0	32.0	8.0
绿化、道路浇洒	60.0	0.0	60.0

2.处理工艺及达标排放的可行性分析

根据污废水成分与特征，C1 线车辆基地生活污废水处理工艺为：食堂废水经隔油预处理，与其他生活污水排入化粪池处理；出水满足《污水综合排放标准》(GB 8978—1996)三级标准后，排入市政污水管网(见图 2-14)。针对生产废水水量不稳定、含油量较高的特点，拟采取"调节＋隔油沉淀＋气浮"的治理方案。

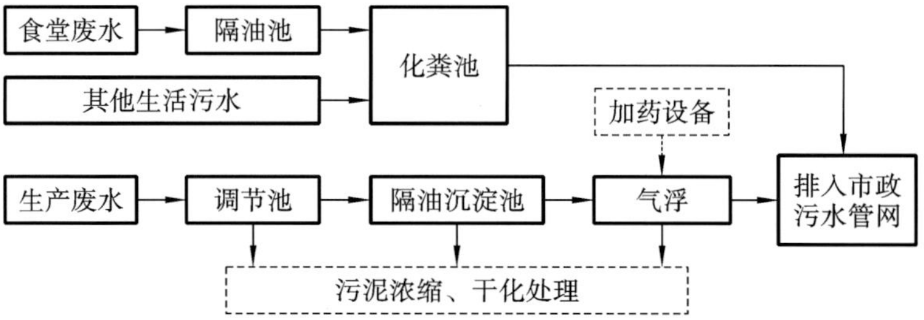

图 2-14　车辆基地废水处理工艺流程图

(1)调节池主要针对生产废水间歇排放、水量不稳定的特点而设置，具有均衡水量、调节水质的功能，可减少对后续处理工艺的冲击。

(2)隔油沉淀池可去除大量的浮油和渣滓。含油废水在隔油沉淀池中停留时间为 120 min时，可去除粒径＞45.80 μm 的油珠，使废水含油量从 150 mg/L 降到 37.03 mg/L，其油污去除率可达 70％。

(3)气浮是通过空气微气泡与油污颗粒结合，增大油污颗粒的浮力，使废水中的油污迅速分离。废水在气浮池分离段停留时间宜≤1.0 h。文献的研究成果表明，废水经气浮 20 min处理后，油污去除率可达 56.3％。

上海梅陇车辆段、九亭车辆段、石龙路停车场及重庆大堰综合基地均采用这种废水处理工艺，生产废水经处理后均满足三级标准要求。

参考上述场站污废水的处理效果，C1 线车辆基地生产废水经处理后也应能满足三级标准。由于清洗废水和检修废水经调节池处理后水质相差不大，设置污废水站对两种废水进行统一处理是可行的。

根据表 2-12 中生产废水排放量，C1 线车辆基地生产废水设计处理规模为 100 m^3/d，与文献根据实际运营规模校核后的研究成果数据基本一致。可见，污废水设计处理规模合理，设计方案可行。

3. 处理效果分析

水处理措施的处理效果可参考同类同规模项目进行论证分析。深圳前海车辆段、长沙黄兴车辆段、南京小行车辆段均对生产废水采用“调节＋隔油沉淀＋气浮＋过滤＋消毒”的处理工艺，处理后的废水指标均满足回用水要求，可回用于洗车、道路清洗和绿化用水等。C1 线车辆基地废水处理规模与上述项目类似，其生产废水经“调节＋隔油沉淀＋气浮”处理后即可满足三级标准，再经过“过滤＋消毒”处理后理论上可以满足回用水要求。

第八节　城市轨道交通工程地铁车站玻璃幕墙光污染影响评估及防治对策

一、地铁车站玻璃幕墙光污染问题概述

随着我国道路交通事业的快速发展，地铁车站玻璃幕墙形成的反射眩光成为新的污染源。地铁车站玻璃幕墙光污染是指可见光、红外线和紫外线等过量的光辐射对人类工作、生活环境带来严重影响的现象。

地铁车站建筑玻璃幕墙选用镀膜玻璃和镜面玻璃时，在很多情况下选用了光反射率超过 30％的不同类型和镜面形态的玻璃，使固有的物理形态自然光发生改变，致使人的物理觉察可靠性急剧降低，在交通驾驶中常使驾驶员产生镜像迷惑、瞬间眩晕、视野受阻的情况，给交通和行人带来巨大的安全隐患，易导致交通安全事故的发生。对于具有聚光作用的地铁车站凹型玻璃幕墙，若其强烈的反射光线直射到可燃物或汽车油箱上，非常容易引发火灾、爆炸等恶性事故。及时解决地铁车站玻璃幕墙的光污染问题，具有重要的现实意义。

二、地铁车站玻璃幕墙产生光污染的因素

车站玻璃幕墙因以下因素会产生光污染。

(1)地铁车站玻璃幕墙大面积运用了反射率较高的镜面金属板和镀膜镜面玻璃材质，在特定时间和采用南、西、西南光照朝向的情况下，形成强烈的反射眩光。

(2)采用凸、凹弧度造型的车站玻璃幕墙外墙，形成聚焦反射光线或发散反射光线。

(3)人们的视线距离 1.6 m 左右，视觉夹角小于 15°时，会因车站玻璃幕墙的位置、方向及高度形成的反射眩光，给视觉造成干扰。

三、地铁车站幕墙玻璃构造

定向反射光的强度决定了幕墙玻璃反射光的影响程度，选用全透明玻璃使反射光强度减弱是最为适宜的处理方式。但采用全透明玻璃会使直接光线急剧增多，室内温度迅速升高，进而导致空调制冷消耗大量能耗。当前有两种利用减弱反射光起节能、环保、降耗作用的幕墙玻璃构造形式。

1. 智能玻璃幕墙构造

智能玻璃幕墙构造是一种能根据自然环境变化，自动调节幕墙遮阳、保温、通风等功能效果的设备系统。这种智能玻璃幕墙构造也称为双层玻璃幕墙通风构造，它既能营造出舒适宜人、健康的室内空间环境，又能起到降低能耗的作用。夏季可以去除大部分热辐射，冬季可以利用玻璃空气层防止热能散失，发挥保温层作用。

2. 光电玻璃幕墙构造

光电玻璃幕墙构造是运用幕墙系统、光电板系统组成的可以把太阳能转化为热能和电能的一种新型的玻璃幕墙来访。该系统通过两种途径把太阳能转化为热能和电能。其主要是借助介质膜镀层的透红外特性，通过吸热水管实现太阳能向热能的转化，还可以借助太阳能光伏发电系统实现太阳能向电能的转化。

采用这种构造的光电玻璃幕墙具有发电装饰和隔热降噪等功能，是通过密封在双层钢化玻璃幕墙中的转换模板来实现能量转化的；以透明钢化平板玻璃为幕墙结构，防高温、低反射和高通过率的功能特点表现效果尤为突出，是应用于太阳能转换等装置的优秀环保材料，广泛应用于光电玻璃幕墙，能起到环保、节能、降耗、降低光污染的作用。

四、地铁车站玻璃幕墙光污染问题的解决途径

玻璃性能对玻璃幕墙具有重要作用，为防止地铁车站玻璃幕墙光污染，必须依据参数要求，选择采用特殊构造的幕墙或科学选择具有防眩光功能类型的幕墙玻璃，以实现减少光污染的目标。

1. 地铁车站玻璃幕墙建筑设计时，应注意玻璃幕墙朝向和方位

设计地铁车站玻璃幕墙时，要根据反射光的影响规律和建筑特点，秉承环保理念，意识超前地考虑有害反射光的控制问题，要将地铁车站建筑的方位、朝向和建筑平面等因素考虑进去，有效减少光污染。

以下是根据玻璃幕墙建筑的不同方位、朝向和建筑平面进行的电脑演示实验结果，如图 2-15所示。

由模拟实验可知，不同朝向的玻璃幕墙产生反射眩光量的相对值也有所不同。实验结果如图 2-16 所示。形成反射光的强弱、多少，是由玻璃幕墙墙面朝向决定的。根据同等条件下的影响情况看：幕墙朝北眩光最少，只在夏至季节产生少量眩光；幕墙朝向为东偏南向 30°或西偏南向 30°时，玻璃幕墙面产生的反射眩光最多，全年受到的眩光影响是北向的 14 倍左右。

朝北旋转越多的玻璃幕墙，产生的有害反射眩光越少；南向旋转的玻璃幕墙，有害反射眩光的产生数量相对较多。玻璃幕墙立面方位的选择，必须按照不同朝向来区分考虑，应把

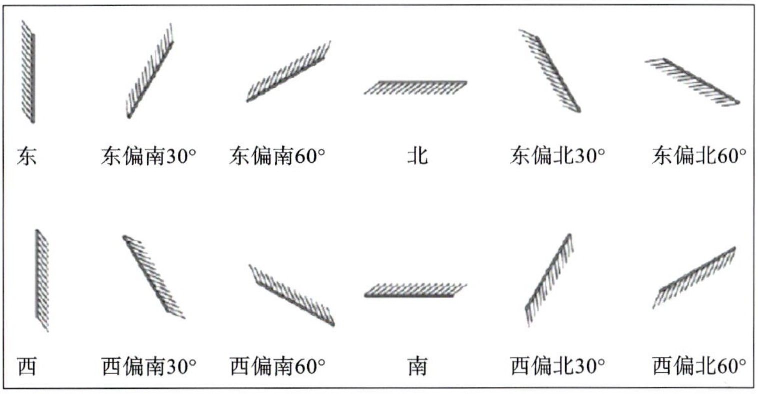

图 2-15　各个朝向玻璃幕墙形态示意图

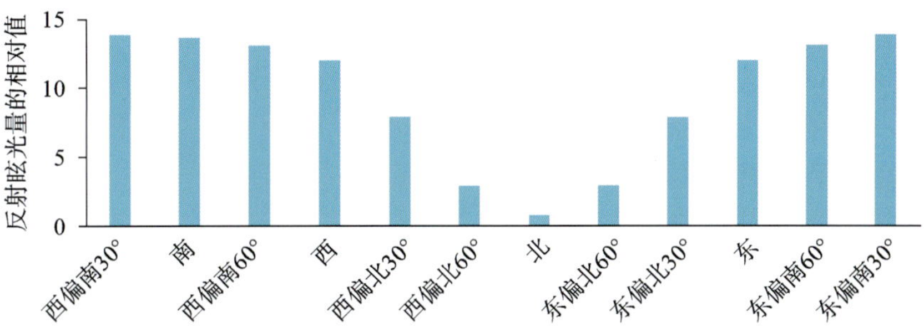

图 2-16　不同朝向的玻璃幕墙产生反射眩光量的相对值

东向到南向玻璃幕墙产生反射眩光的建筑集中区域作为重点来考虑，应减少或控制使用东向到南向的玻璃幕墙，若出现不可避免的情况，就必须将立面玻璃幕墙的使用面积降到最少；由于北向到东（西）偏北 60°之间朝向的玻璃幕墙产生眩光量最少，按这个朝向设置幕墙墙面是最理想的选择。

2. 设计时合理采用曲面幕墙来解决光污染问题

地铁车站玻璃幕墙建筑，设计时其外墙尽可能避免选择曲面镜面玻璃幕墙结构，以使临近街道、公路或小区不会因外凸式幕墙发生光反射情况；而选择曲面内凹式幕墙，则可消除因反射光聚焦而造成火灾等严重后果。

地铁车站玻璃幕墙建筑平面通常包括平、凸、凹三种形式的幕墙平面，光经过这三种平面形态的玻璃幕墙产生反射，形成汇聚的、平行的或分散的反射光，会产生不同的影响。根据计算机模拟结果，幕墙立面朝向不同，会导致不同的结果。对车站玻璃幕墙平面形态的设计，必须根据朝向进行科学设置。

玻璃幕墙朝南，凸形平面反射眩光量极力增大；玻璃幕墙朝北，凹形平面反射眩光量会降到最小。进行幕墙平面设计时，方向朝南的幕墙平面要考虑建筑需求，适当对平面进行凹折处理，以使反射眩光的影响程度和范围降到最小。对于朝南的幕墙，凸形平面玻璃幕墙的使用须严格加以限制。

对于玻璃幕墙朝东西方向的车站建筑，其凸、凹形平面形成反射眩光的影响范围都会大幅降低。设计东西向幕墙平面时，可按照需求合理对平面进行凸（凹）折处理，在适当条件下将弧度设计到最大,以使反射眩光的影响程度降到最小。

综上所述,地铁车站玻璃幕墙平面形态设计的原则如表 2-13 所示。

表 2-13 玻璃幕墙平面形态设计原则

朝向	凸形平面	凹形平面
南向	不宜采用	建议采用,控制凹形弧度,并讨论焦点区域位置
东西向	建议采用,在适当条件下弧度较大为宜	建议采用,在适当条件下弧度较大为宜,并讨论焦点区域位置

3. 沿街首层外墙避免采用大面积镜面玻璃幕墙

地铁临街幕墙建筑首层外墙,尽可能不采用镜面玻璃,以避免地铁车站玻璃幕墙产生强烈的反射眩光对交通或居家环境造成光污染。采用非镜面金属板、非镜面铝塑板、花岗石板或白色钢化中空玻璃为幕墙材料,是最理想的选择。

4. 玻璃幕墙采用低反射率玻璃贴膜或智能玻璃

玻璃幕墙采用内表面贴有 PET 聚酯薄膜的玻璃,既可以阻挡太阳紫外线辐射,又可以隔热节能、吸收有害光谱、调顺光谱视频,使 50%以上的太阳强光被有效阻挡,进而避免反射眩光污染,营造出舒适、柔和的室内环境。

在建设生态中国的进程中,运用智能玻璃构造玻璃幕墙是适应时代发展的必然趋势。智能玻璃的双层特殊构造,满足节能环保、调节光线、减少光污染等使用功能要求,在崇尚节能、环保、降耗的当今世界得到了快速发展。地铁车站玻璃幕墙采用低反射率玻璃贴膜或智能玻璃材料,是避免光污染的有效途径。

5. 采用光电玻璃幕墙

光电玻璃幕墙是利用太阳能的光伏发电幕墙。Low-E 玻璃对红外线的反射率高达 98%,夏季可以有效阻止热辐射,避免热辐射直接透过;冬季可以有效阻止热能外流,确保室内具有冬暖夏凉的效果。Low-E 玻璃在辐射率低的情况下,具有升温慢、吸热或放热少的特点。不同工艺的 Low-E 玻璃的太阳能透过率有所不同,但遮阳系数范围广(0.2～0.7)是其特点,Low-E 玻璃可以满足不同气候环境地区的使用需要。采用这种辐射低、污染少的 Low-E 玻璃,对解决地铁车站玻璃幕墙光污染问题将起到越来越大的作用。

第三章　绿色技术在城市轨道交通工程中的应用案例分析

第一节　深圳城市轨道交通绿色生态建设应用案例分析

根据2018年统计，深圳市常住人口达到1252.83万，人口密度达到6234人/km^2。为此，加强城市公共交通建设，尤其是加大地下城市轨道交通建设力度势在必行。中共中央、国务院印发的《粤港澳大湾区发展规划纲要》更是要求把深圳市建设成国际一流的森林城市，突出“水城共融”的城市特色，打造可持续发展的绿色智慧生态城区。因此，深圳地铁提出建设美丽地铁、绿色地铁的理念。在新形势、新理念下，城市轨道交通工程建设者勇于挑战，进行了许多积极有效的探索创新与实践。

一、创新设计理念

1.站城综合体

在规划设计阶段，践行美丽地铁理念，实现地铁与周边建筑景观、人文景观和谐发展，打造人文地铁、绿色地铁，利用城市轨道交通建设推进城市相关片区的综合发展。

围绕轨道交通建设及其周边土地整备、城市更新项目统筹，将地铁车站与周边地块联动开发建设，形成立体、复合、绿色、充满活力的站城综合体。打造以公共交通为导向(TOD)的城市开发与运营模式，将地铁车站巧妙地融入城市景观之中，形成可以满足市民休闲娱乐并赋有一定景观情趣的空间。以“站城一体化”为目标，在一些站点，利用地铁车站配线上方自然形成的空间，打造局部的小型景观(见图3-1)。

2.特色车站设计

创新车站设计、突出站位特色、让车站成为城市美丽的名片。对不同车站进行特色设计，如在大运北站、田头站，贴合其文化氛围创新站型，采用无柱拱顶车站；在龙平站，利用规划公园用地，结合环境及规划打造园林车站；在双龙站，结合站位打造城市客流中心。

3.生态地铁功能合一

综合利用城市“废地”，反哺城市发展阶段形成的“创伤”。地铁车辆段和停车场占地范围大，为实现反哺城市、修复“创伤”的目标，在地铁规划设计阶段，尽可能选址在采石场、废弃水库等城市“废地”来复绿城市(见图3-2)。

例如深云车辆段就是利用废弃的采石场，充分考虑生态建设要求，利用车辆段上盖空间，将其与自然空间和城市空间有机结合。在生态上与自然山体连接，延续了山体的生态环境；功能上与社会需求形成连接，将人的使用功能需求与山体的自然生态条件充分融合；实现了生态及地铁功能合一的总体布局。

图 3-1　“站城一体化”设计

图 3-2　“废地”建设前后对比

二、推广先进工装工法

1. 全面推广机械法施工

采用矿山法进行隧道施工风险大、作业环境差、爆破噪声扰民程度高。深圳地铁探索实践采用隧道掘进机全面替代矿山法。软土地层采用盾构、硬岩地层采用 TBM 施工，目前 TBM 在深圳地铁已成功应用①。双护盾 TBM 总体构造如图 3-3 所示。

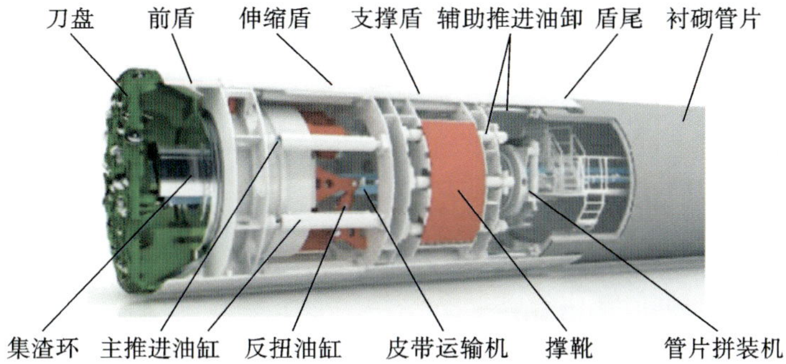

图 3-3　双护盾 TBM 总体构造

10 号线孖雅区间、8 号线梧沙区间、6 号线民乐出入场线、羊台山隧道等 5 个区间隧道建设均采用了 TBM。创造了在 210 MPa 硬岩条件下，机械法月掘进 400 m 以上的深圳速度。目前，深圳地铁四期工程采用矿山法的施工占比已由三期工程的 42%下降到 9%（见图 3-4）。

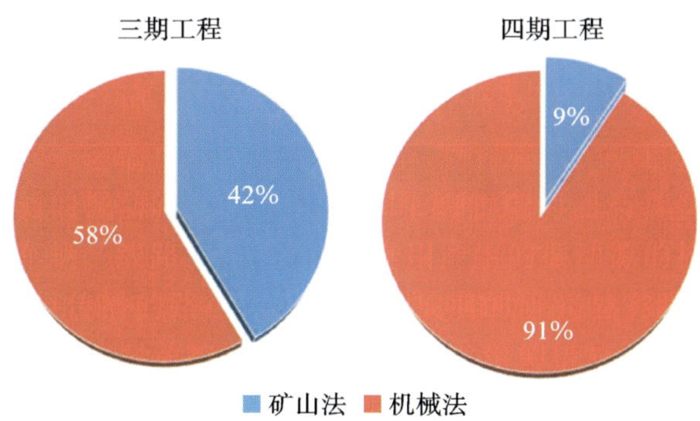

图 3-4　深圳地铁三期、四期工程工法统计

针对隧道区间既有硬岩又有软土的情况，深圳地铁四期工程一次性投入 16 台双模盾构机，实现了同一区间隧道软土盾构土压平衡模式和硬岩 TBM 模式的相互转换，减少了深圳地区关内—关外区间始发井和吊出井的数量，降低了对沿线自然、人文环境的干扰。

2. 淘汰落后扰民机械设备

围护结构施工全面淘汰冲孔桩机，该工艺原始落后，存在效率低、噪声及振动大、泥浆污染防治困难等缺点，不符合深圳市绿色智能发展目标。

目前，地基基础施工设备已开始了全面更新，在软土地层已全面采用液压抓斗，在硬岩地层采用双轮铣槽机、潜孔锤等设备进行围护结构施工，以减少噪声及振动。

① 在我国，习惯上将用于软土地层的隧道掘进机称为盾构，将用于岩石地层的称为 TBM。

另外，全力推广使用绿色能源的施工机械，优先采购电动或天然气动力挖掘机、推土机、压路机、装载机等工程机械和便携式的锂电池工具（见图 3-5），推动地铁产业周边企业的绿色转型。

图 3-5　便携式锂电池工具

3.“微创”施工和原材料集中加工

为减少地铁建设施工造成的粉尘、噪声、出行不便等问题，深圳地铁在建设过程中导入“微创手术”理念，发扬“工兵挖地雷”的精神，杜绝“开肠破肚式”的施工方式，打造“城市中的工地”，最大限度减少大规模地铁建设对城市环境的影响。将 5 号线西延线繁华中心区东门路站作为试点，采用非开挖技术建设。

在原材料和构配件加工方面，利用远离居民区和商业区的空地建立集中数控加工配送中心（见图 3-6），统一加工配送至各工地，不仅提升了加工质量，更是减少了对土地资源的占用和对市民生活的影响。

图 3-6　数控加工配送中心

三、绿色低碳项目建设

1. 建设绿色环保项目驻地

深圳地铁三期项目工程实施以来，项目驻地水平大幅提升，更注重环保及环境友好。10 号线益田停车场项目部充分利用场地原有绿化，在不破坏原有绿化的情况下，因地制宜地摆放可重复利用、拼装式的集装箱作为临时办公及住宿场所，减少了传统板房的资源浪费情况。2 号线在东湖公园采用新型环保装配式建筑。在深圳地铁四期及今后地铁项目驻地的建设过程中更是要全面推广绿色环保概念，建设绿色项目驻地。

2. 全封闭施工大棚应用

施工工地采用大棚施工，可有效降低噪声，控制扬尘，大大降低在繁华市区施工对周边地区市容市貌、生活环境、排水等造成的负面影响。目前深圳地铁 8 号、10 号、12 号线均已大面积采用绿色全封闭大棚施工（见图 3-7），得到了周边商业和居民的充分肯定，大大提升了地铁形象。

图 3-7　全封闭大棚施工

3. 新型加喷淋围挡

深圳地铁在建工地全部推广采用新型围挡，如图 3-8 所示，在围挡上方设置喷淋设施，并和空气检测 TSP 系统、立体降尘喷雾系统联动，即时、智能地降低工地及周边 $PM_{2.5}$ 指数。

4. 地下水的循环利用

地铁施工中基坑开挖及隧道施工会导致大量地下水排出，每天需要抽出上百万立方米的水，如直接排到市政管网将造成水资源的大量浪费。深圳地铁施工时将排出的地下水收集后用于施工生产、日常生活、喷淋降尘和绿化灌溉等方面，每年可节约水资源数千万立方米。

四、注重人文关怀

1. 车站实行移动式防护棚

在标准站推行移动式防护棚，可根据施工需要沿着基坑顶部设置的轨道移动，消除或减少太阳直射、降雨等对施工人员的影响，改善深圳夏日酷热的工作条件，充分体现以人为本的施工理念。

图 3-8　智能降尘

2. 施工竖井加装垂直电梯

地铁施工竖井一般在 20～50 m 深，常规情况下，地铁施工竖井上下采用爬行楼梯，这不仅致使管理人员及工人耗费大量体力，更使上下时间加长。为解决以上问题，采取在竖井加装施工电梯的措施，在试点应用后，得到了管理人员及工人的认可和肯定。在深圳地铁四期工程中，所有深度超过 30 m 的竖井全部安装施工乘用升降电梯(见图 3-9)，创造人文便利施工条件。

图 3-9　施工乘用升降梯

3. 隧道内配置制冷通风系统

传统隧道施工过程中，隧道内温度高、空气质量差，闷热导致施工人员体力损失大、工作效率低。深圳地铁创新性地尝试使用风冷式循环水制冷系统，向隧道内输送冷风，大大地改善了隧道内工作环境；在国内 TBM 隧道中首次配备盾构隧道水冷空调系统，大大改善洞内人员的工作条件，受到了施工人员的广泛好评，也体现了“美丽地铁”理念由环境美丽向人性化的心情美丽的提升。

五、案例总结

城市轨道交通绿色生态建设理念对一个城市的健康和可持续发展具有重要意义。城市轨道交通工程建设有其内在规律和特殊性，在工程前期，一定要发挥规划设计的龙头作用；在工程项目实施过程中，要因地制宜，针对不同项目特点，配合周边不同的自然和人文环境，通过先进工艺工装应用、绿色低碳项目推广和人文工作环境建设等具体举措，真正贯彻实践生态建设理念。深圳地铁为此进行了许多有益的探索与实践，随着时间的推移，这些创新实践成果，在深圳绿色智慧生态城区建设中的作用将更加明显。

第二节 成都城市轨道交通空调系统节能改造应用案例分析

下面以成都地铁 4 号线某地铁站为例，结合实际运行情况，通过测试冷水机组的相关参数，水泵的流量及供回水温差，冷却塔的出口水温等数据，比较不同冷冻水温差对运行能耗的影响，分别计算出相对应的节能率(改造后节省的能耗与改造前总能耗的比率)，分析该地铁站运行能耗过高的原因，相应地提出改造方案，并做出能效评估和效益分析。

一、地铁站空调系统基本概况

该地铁车站位于光华大道北侧，车站总长 269.6 m，车站标准段宽度为 18.7 m，车站主体建筑面积 10472 m^2，车站附属建筑面积 1782 m^2。有效站台中心线里程“YDK16+417”中心里程处轨面埋深 13.361 m。总冷负荷为 1312 kW，其中大、小系统冷负荷分别为 814.73 kW(其中大系统冷负荷包含出入口通道冷负荷)、497 kW，占总负荷的比例分别为 62.1%和 37.9%。车站采用分站供冷形式。

地铁站空调末端分为大、小系统。车站大系统采用双风机一次回风全空气系统，双端送风，空调设备分 2 套设置，各负担部分站厅和部分站台的冷负荷，设备分别设置在车站 A、B 两端的机房内。空调大系统设备由组合式空调器、回排风机和相关的电动风阀组成。车站空调大系统冷负荷为 814.73 kW(含出入口通道冷负荷)，占总冷负荷的比例为 62.1%。车站空调大系统运行原理如图 3-10 所示。

车站小系统主要负责地铁站内设备房和人员办公用房的冷量需求。本站共设置 5 套空调小系统，均采用全空气一次回风定风量系统。其中 A 端设备区设置 3 套空调小系统，B 端设备区设置 2 套空调小系统。

该站属于分站供冷，制冷机房设置于地面。机房内部设置 2 台冷水机组，冷冻水温度为 7～12 ℃，冷却水温度为 32～37 ℃。冷水机房内设置 2 台冷冻水泵和 2 台冷却水泵，其中冷冻水泵变频。本站设冷却塔 2 台，分别设置于车站 A 端主体上方，光华大道北侧绿地内。

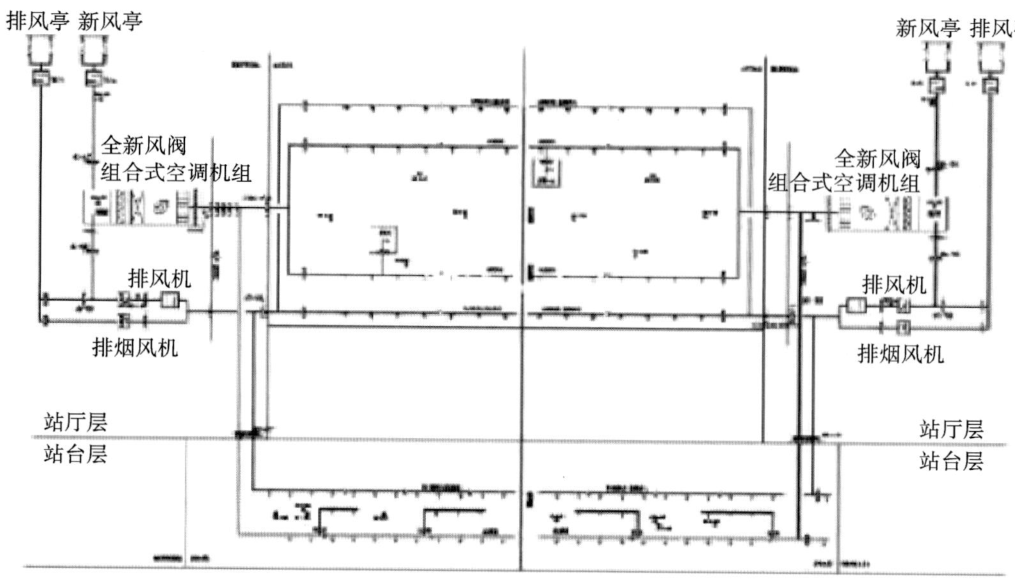

图 3-10　车站空调大系统原理示意图

该站空调系统主要在 5—10 月开启，节假日照常使用，7—8 月开启频率最大，空调大系统运行时间一般是从早上 6:30 一直到晚上 23:30，和地铁运营时间对应，空调小系统主要对应设备房和办公区域，因此需要全天持续运行，运行时间根据室外温度调整；其他月份属于过渡季节，空调冷站设备不再开启；水泵基本与主机一对一开启，即开启一台主机时对应开启一台冷冻泵和一台冷却泵。冷却水泵工频运行，冷冻水泵变频运行。冷却塔共 2 台风机，风机为双速风机。冷却塔在空调季白天 2 台全开，夜晚开启 1 台，根据冷却水出水温度判断风机开启数量。

主要的空调设备功率参数如表 3-1 所示。

表 3-1　空调设备功率参数

设备	额定功率/kW
螺杆冷水机组 CRTWD180P	118.5
冷冻/冷却水泵 ARMSTRONG	18.5
深菱冷却塔 RT-175U/SB	4.5/6
组合式空调机组 AHU-A01	22
组合式空调机组 AHU-a101	11

二、空调系统测试结果分析

为探究车站既有通风空调系统运行能耗现状，掌握既有通风空调系统的控制工艺和运行模式，为车站既有通风空调系统的节能改造方案制定提供依据，作者团队对该地铁站空调系统进行了检测，测试时间为 2019 年 10 月 20 日至 21 日，包括了工作日和非工作日。

1. 主机测试数据分析

主机的负荷率是指在规定的时间内，机组的平均负荷与最大负荷之比。通过对它的分析，可以反映出机组的选用和匹配是否存在问题，中央空调系统的运行状态是否正常，也为优化空调系统提供数据参考。一般在设计空调系统时，都是根据计算得到的最大冷负荷选择冷水机组。而单台冷水机组的最佳（最高）COP（性能）值通常不是出现在满负荷时，而是出现在部分负荷的时候。在测试时间段内主机的负荷率和COP的情况如图3-11、图3-12所示。

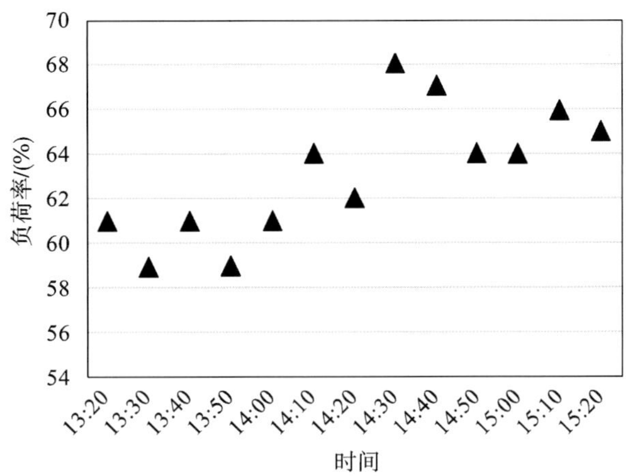

图3-11　非工作日主机负荷率

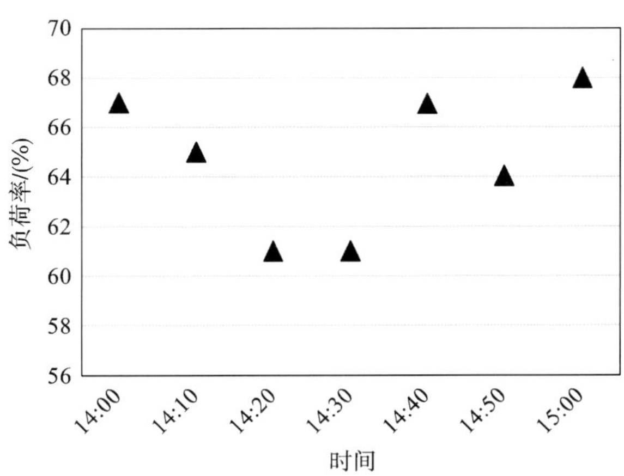

图3-12　工作日主机负荷率

从图3-13、图3-14中可以看出，当负荷率在65%附近的时候，主机的COP相对来说较高，均值约为4.5，而厂家提供的COP值为5.5，说明主机的实际运行COP与最佳COP还有较大差距，COP的差距约为1.0，主机性能还有较大提升空间。

2. 水泵测试数据分析

系统运行过程中，冷冻水和冷却水进出口温度可以直观体现机组运行情况。图3-15～图3-18为该地铁站两个测试日的运行记录数据，可以看出冷冻水的温差波动较小，同时整体温差偏小，平均温差为1.8 ℃，最小温差为1.4 ℃，均低于设计值5 ℃；冷却水温差同样存在波动，平均温差为2.0 ℃，低于设计值5 ℃。

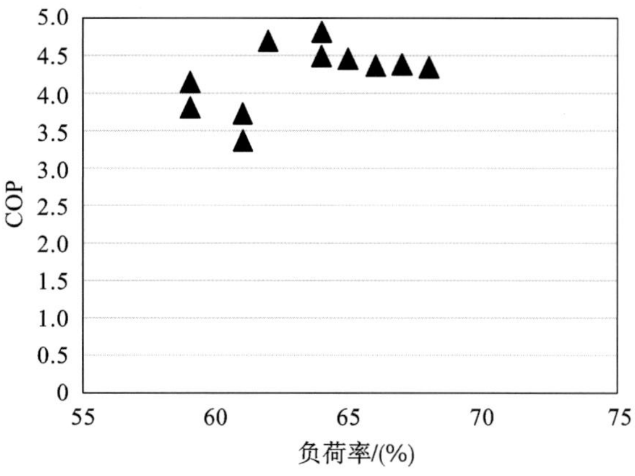

图 3-13　非工作日主机负荷率与 COP 的关系

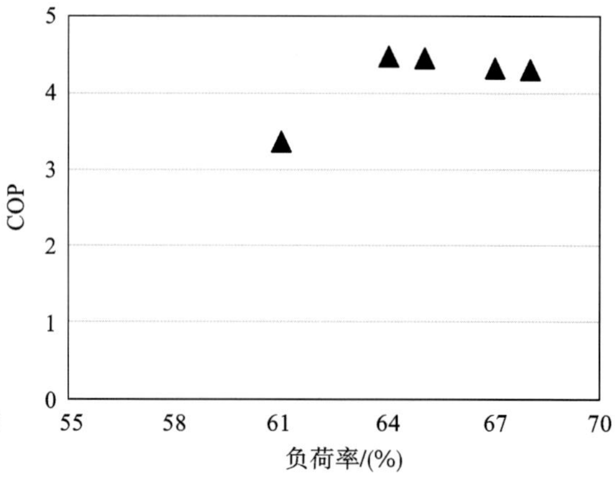

图 3-14　工作日主机负荷率与 COP 的关系

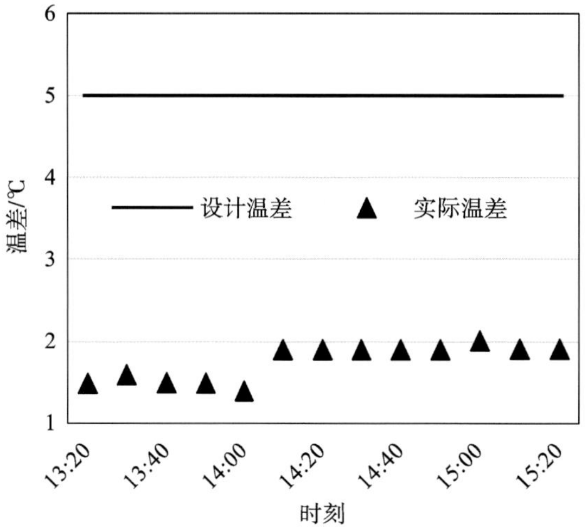

图 3-15　非工作日冷冻水供回水温差

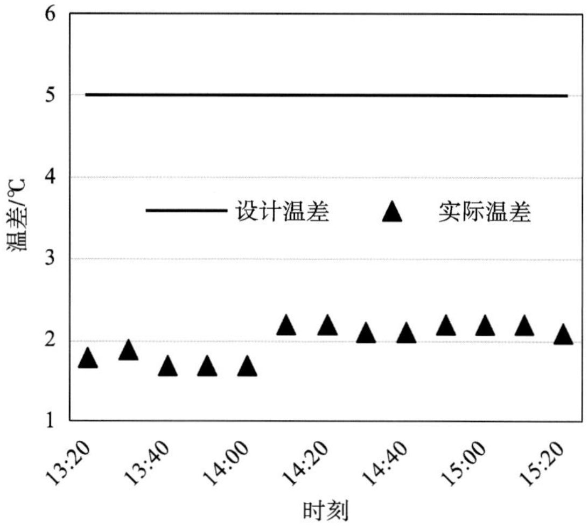

图 3-16　非工作日冷却水供回水温差

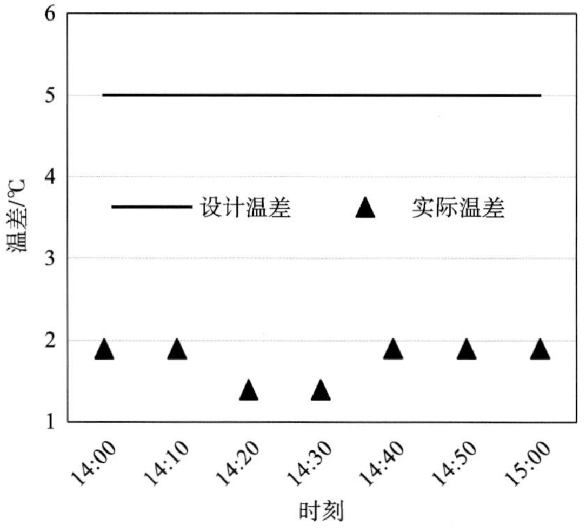

图 3-17　工作日冷冻水供回水温差

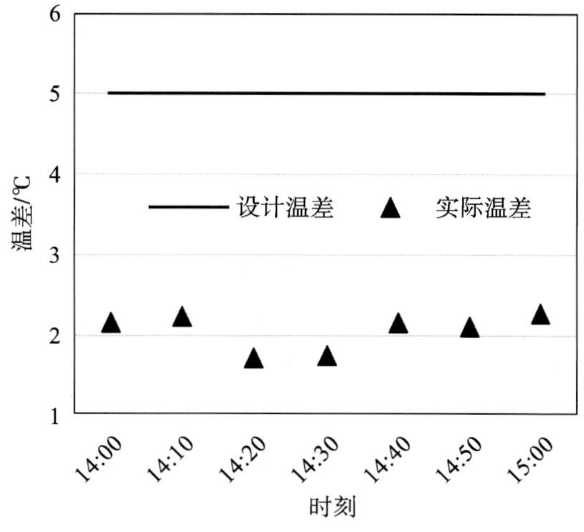

图 3-18　工作日冷却水供回水温差

在设计通风空调系统时，为满足长期设计负荷，选用了流量偏大的机组及配套设备，导致实际运行偏离运行状态点。冷冻水与冷却水流量测试结果如图 3-19 和图 3-20 所示。

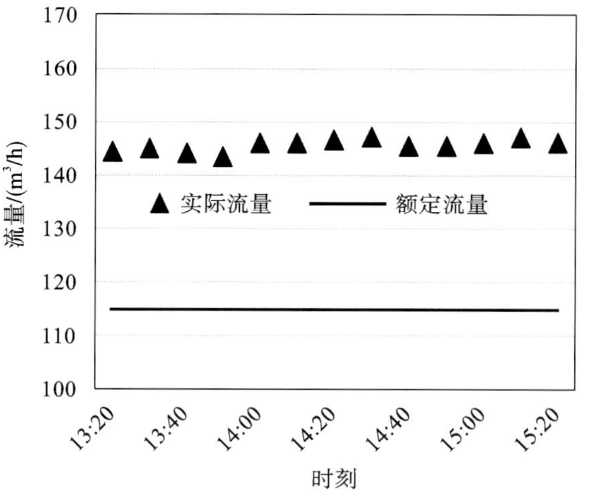

图 3-19　冷冻水流量

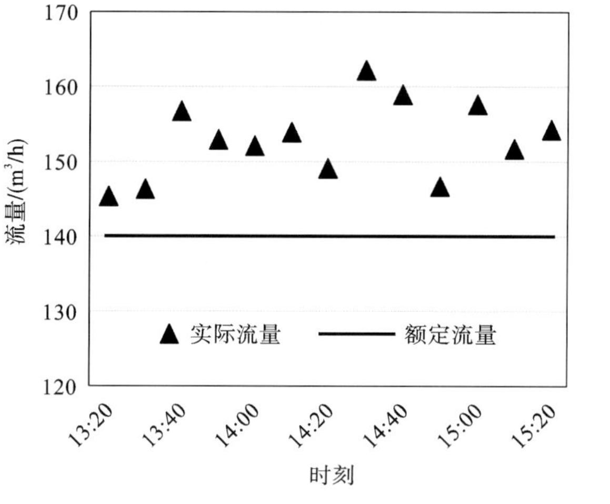

图 3-20　冷却水流量

由此可见，冷冻水和冷却水流量均过流，冷冻水泵流量和额定值相比过流约 26.1%，冷却水泵流量和额定值相比过流约 10.7%。由于本地铁站地理位置较为偏僻，客流量较少，所以工作日与非工作日的测试结果差距较小。而且系统在测试阶段采用定流量模式运行，造成系统整体呈现大流量、小温差的情况，表明系统实际所需负荷远低于设备标准工况下提供的负荷，冷水机组和水泵等设备的运行能耗可以进一步降低。

3. 冷却塔测试数据分析

冷却塔运行过程中，判断冷却塔能力的核心参数是逼近度。冷却塔逼近度为冷却塔出水温度与进风湿球温度之差，其直接影响冷却塔的制冷量，逼近度越小，冷却塔的冷却能力越大；反之，逼近度越大，冷却塔的冷却能力越小。冷却水的进出水温度及与室外空气湿球温度的差值（逼近度）如图 3-21、图 3-22 所示，可见冷却塔的换热能力较差，逼近度为 6～8 ℃，平均值为 7.27 ℃。冷却塔逼近度较高的原因可能是冷却塔顶布水器布水失衡，导致冷却水不能均匀填充填料换热，甚至出现填料干热的情况；另外一个原因可能是冷却塔的填料老化，无法均匀分配冷却水，以上两种情况均会导致冷却水无法充分换热，从而影响了逼近度，影响了冷却塔的换热能力。

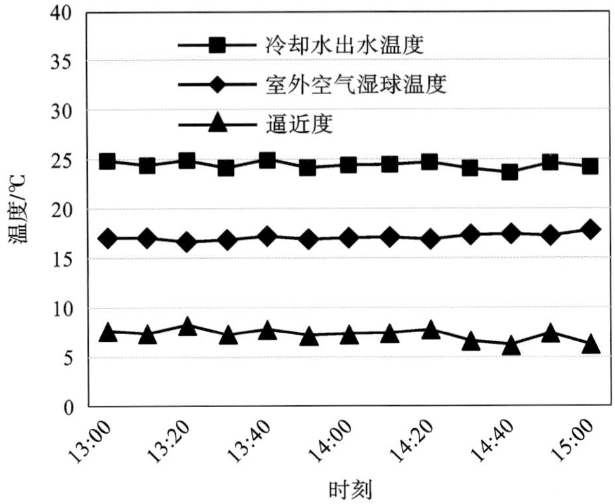

图 3-21　非工作日冷却水出水温度及逼近度

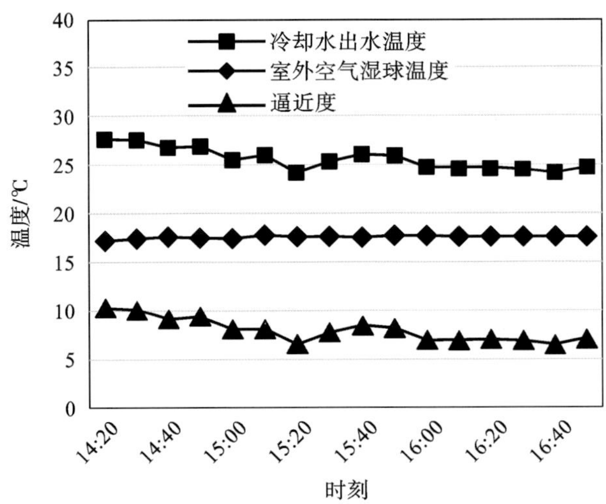

图 3-22　工作日冷却水出水温度及逼近度

三、空调系统优化改造方案

1. 主机性能优化

该站于 2016 年 1 月 1 日开通，距测试日车站仅开通运营不到 4 年时间，冷水机组设备并未老化，能效却出现大幅下降，可能是换热盘管未及时清洗，压缩机病态运行，冷媒泄漏等原因导致换热能力下降。建议清洗换热器结垢，检查冷媒充注情况及机械传动情况。

2. 冷却塔性能优化

在其他参数既定的情况下，冷却塔出口水温越低越好。而填料作为冷却塔的核心部件，担负着冷却塔降温任务的70%左右，其性能优劣直接影响冷却塔的冷却效果。在现场勘察发现，积水盘内存有大量水藻和杂质，这导致冷却水水质较差，对换热产生影响。所以建议对积水盘进行清洁，对冷却塔顶部的布水器进行检查，同时更换冷却塔内换热填料，改善配水均匀性，以提升冷却塔性能。

3. 新增变频设备

在大型公共建筑供暖空调电力消耗量中，有60%～70%是被输送和分配冷量(热量)的风机、水泵消耗，而这部分电耗通过技术措施有可能降低60%～70%，存在巨大的节能潜力。本站原空调系统中冷却水泵、冷却塔、小系统空调均采用定频，这无疑使得空调输送能耗长时间维持在较高水平。本次空调系统改造将水泵(冷却水泵共2台)、冷却塔(共2台)、A、B端空调小系统a1和b1加装变频器，使各类设备的耗电量与空调负荷更好地匹配，极大程度上减少了空调能耗。

4. 冷冻水供回水温差5 ℃与7 ℃对比

采用冷水机组直接供冷时，空调冷冻水供水温度不宜低于5 ℃，空调冷冻水供回水温差不应小于5 ℃；有条件时，宜适当增大供回水温差。由于空调系统的冷冻水供回水温差加大，相同制冷量下空调冷冻水循环量将减小，空调冷冻水管管径、冷冻水泵型号都将随之减小，冷冻水泵能耗也随之降低。对水系统进行精细化的水力计算后，分别得到5 ℃与7 ℃供回水温差下的冷冻水泵水力计算结果见表3-2。

表3-2　冷冻水泵水力计算结果

冷冻水供回水温差	5 ℃	7 ℃
总沿程阻力/mH_2O	12.89	6.71
总局部阻力/mH_2O	7.9	4.0
蒸发器阻力/mH_2O	2.8	2.8
末端盘管阻力/mH_2O	5.6	5.6
冷冻水泵扬程(设计值)/mH_2O	29.2	19.2
冷冻水泵扬程(选型值)/mH_2O	32.1	21.1

从计算结果可知，冷冻水泵的选型扬程从32.1 m降低为21.1 m，降低了11 m，降低了34.3%。在各专业采用了节能改造措施、实现了风水联动的优化控制之后，假设各系统均能够实现联动变频运行，且冷冻水系统保持5 ℃和7 ℃供回水温差的条件下，对系统的运行能耗水平进行评估对比，评估结果如表3-3、表3-4所示。

表 3-3 5 ℃与 7 ℃温差的能耗水平对比

温差	大系统年能耗/(kW·h)	小系统年能耗/(kW·h)	水系统年能耗/(kW·h)	全站年能耗/(kW·h)
5 ℃	83875.49	139148.68	403779.98	626804.15
7 ℃	83875.49	139148.68	392008.24	615032.41

表 3-4 5 ℃与 7 ℃温差的 COP 对比

温差	机房平均 COP	系统平均 COP
5 ℃	5.22	3.36
7 ℃	5.38	3.43

采取改进措施之后，该站的制冷机房年平均运行 COP 为 5.38，相比采用 5 ℃温差提高了 0.16；年能耗节省了 11771.74 kW·h，节能率提高了 0.19%。

四、改造能效评估及效益分析

1. 能效评估

节能改造的最优方案，应该是以整个空调系统能耗之和最小为目标，而不是以某一种设备或子系统的能耗最小为目标。表 3-5 为改造前后空调系统总能耗与能效统计。

表 3-5 改造前后空调系统总能耗与能效统计

温差	全站年能耗/kW	冷机总冷量/kW	机房平均 COP	系统平均 COP
改造前 5 ℃	977922	2107381	3.38	2.15
改造后 7 ℃	615032	2107381	5.38	3.43

由此可见，改造后冷冻水供回水采用 7 ℃温差，全站空调系统年能耗有了显著降低，节能率约为 37.1%，机房和系统 COP 也有了显著提升。由于采用 7 ℃温差需要更换水泵设备，带来了额外的投资增加，因此需要进行技术经济分析来判断投资是否合理。以成都电价 0.67 元/(kW·h)来计算，采用 7 ℃温差并更换水泵之后，年节能量增加了 11771 kW·h，年节省电费 7886.57 元。假设更换 2 台水泵，每台成本增加 15000 元，两台共增加 30000 元，3.8 年即可回收成本，新增投资额合理。

2. 效益分析

节能量测量遵循《中央空调水系统节能控制装置技术规范》(GB/T 26759—2011)，计算该站改造后空调系统节能效果如表 3-6 所示。

表 3-6 改造后空调系统节能效果

计算	空调系统用电
用电基准(万 kW·h)	97.79
年节电量(万 kW·h)	36.29

续表

计算	空调系统用电
节电率	37.1%
电费单价(元/kW·h)	0.67
年节能收益(万元)	24.31

注:①用电基准包含空调水系统(冷水机组、冷冻水泵、冷却水泵、冷却塔)和末端大系统(组合式空调机组、回排风机)及末端小系统(柜式空调器、回排风机)用电量。

②根据现场调研中业主提供电费单价 0.67 元/(kW·h)计算。

五、案例总结

我们对成都某地铁站的空调系统进行了性能测试,通过测试冷水机组的 COP、水泵的水温和流量以及冷却塔的逼近度等数据,发现了该地铁站运行过程中低效、耗能的原因所在,并相应提出了性能改善和节能改造的建议方案。

(1)成都该地铁站空调系统具有较高的节能潜力。现行供冷工况期间,冷水机组运行 COP 为 3.3～4.8,与厂家的 COP 值(5.5)仍有较大差距;冷冻水供回水平均温差仅为 1.8 ℃,冷冻水和冷却水系统长期处于"大流量、小温差"的运行状态;冷却塔逼近度为 6～8 ℃,换热能力较差。

(2)针对该地铁站的运行现状,改造方案将冷冻水温差调整为 7 ℃,更换适宜的水泵和冷却塔换热填料等,提高冷却塔冷却性能;在冷却水泵、冷却塔、空调小系统内分别加装变频器,更好地匹配空调负荷,减少能耗。

(3)计算得到改造前后的运行能耗,结果表明上述改造方案可降低 37.1%的系统能耗,3.8 年即可收回改造成本,在成都地区具有较好的适用性。

第三节　深圳城市轨道交通分布式光伏发电系统应用案例分析

地铁作为缓解城市交通压力的重要设施,较好地解决了大城市日益严重的交通问题,但其本身耗能巨大。利用光伏发电技术可减少地铁对城市电网的用电需求,推动交通能源低碳转型,实现城市轨道交通行业绿色低碳可持续发展。分布式光伏发电技术由于其投资成本低、建设区域广、利用效率高、环境友好等特点得到大规模快速发展。深圳地铁 6 号线高架车站分布式光伏发电系统的成功应用为城市轨道交通利用绿色新能源建设来降低运营能耗提供了参考。

一、工程概况

深圳地铁 6 号线是深圳市轨道交通线网中位于中部发展轴的市域快线,串联龙华区、光明区和宝安区。线路全长 37.626 km,其中高架段长 24.616 km,地下段长 5.647 km,过渡段长 1.197 km,山岭隧道段长 6.166 km。全线共设置 20 座车站,其中高架车站 15 座,地下车站 5 座。高架车站沿道路路中或路侧布置，与周边建筑间距大，无遮阳影响，车站顶棚采用门式弧形钢结构网架形式，具备设置光伏发电系统的基础条件。全线共 12 座高架车站设置分布式光伏发电系统，装机容量为 2.3 MWp。

二、高架车站光伏建筑一体化方案

1. 光伏与车站建筑结合形式选择

光伏与建筑物的结合形式大体可分为两类，一类是光伏方阵与建筑结合，另一类是光伏方阵与建筑集成，也称为光伏建筑一体化设计。结合地铁高架车站特点，经全寿命周期成本分析，深圳地铁 6 号线采用光伏建筑一体化设计，在车站建筑景观设计时充分考虑光伏系统需求，将光伏、建筑和美学设计融为一体，与城市景观相融合。光伏发电系统与地铁车站同步设计、同步施工，提高车站整体美观性。

2. 屋面光伏与建筑结合方案

深圳地铁 6 号线在车站造型方案比选时充分考虑高架车站在通透、轻巧、节能及光伏组件安装等方面的要求，采用光伏建筑一体化设计。车站屋顶采用门式弧形钢结构网架形式，屋面外板选用直立锁边铝镁锰合金屋面板，屋面板每隔 0.4 m 设一道板肋。光伏组件整体平铺于车站顶棚，通过光伏支架固定在屋面板上，如图 3-23 所示。光伏支架采用专用夹具与铝镁锰屋面板肋固定连接，既保证光伏组件与屋面板结构的连接强度，也不影响屋面结构布置及防水处理，实现光伏发电系统与车站建筑完美结合，如图 3-24 所示。

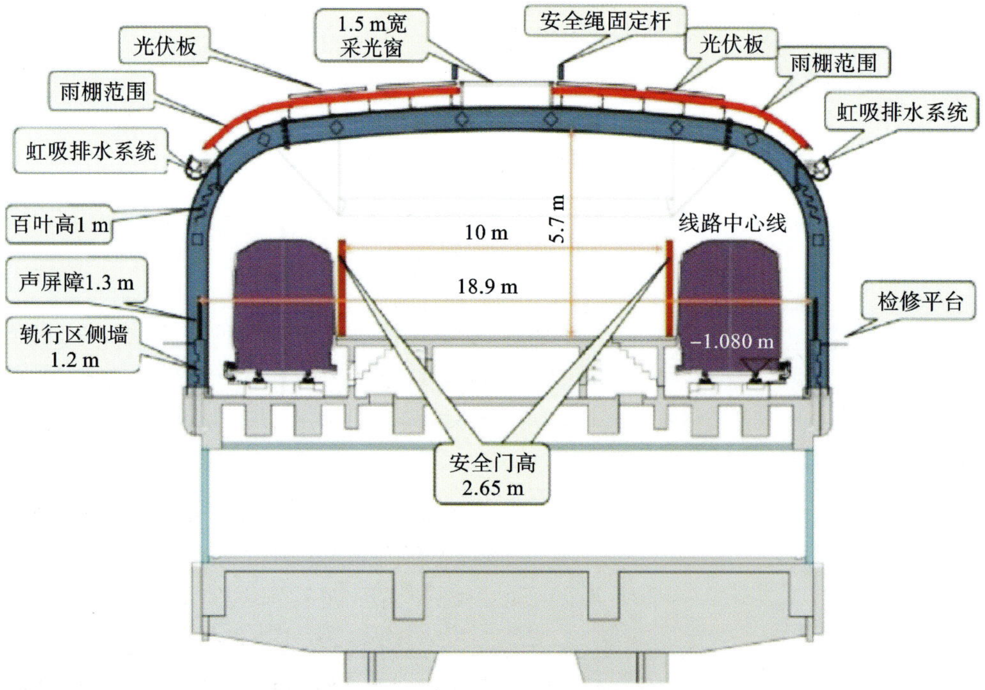

图 3-23 高架车站建筑剖面图

图 3-24　车站光伏建筑一体化实景图

深圳地铁 6 号线高架车站依据采光、遮阳、通风等功能需求进行的光伏建筑一体化设计为光伏发电系统与高架车站景观的融合设计提供了新思路。

3. 太阳能光伏组件选择及布置

太阳能电池主要分为晶硅电池与薄膜电池。晶硅电池目前发展最成熟，商业化程度最高，市场占有率高达 90%以上，其可分为单晶硅电池和多晶硅电池。薄膜电池优点是材料用量少、成本低，最大缺点是多数品种光电转化率比晶硅电池低。结合这两种太阳能电池在转化效率、成本上的差异，通过全寿命周期成本分析，深圳地铁 6 号线采用转化效率达 18.6%的高效单晶硅光伏组件，其尺寸为 1956 mm×991 mm×40 mm，单块光伏组件最大输出功率为 360 Wp。

深圳地铁 6 号线标准高架车站屋顶面积约 2800 m^2，考虑到钢结构屋面受力、检修与维护等多种因素，光伏组件有效安装面积约 1500 m^2，安装 512 块单晶硅光伏组件，车站装机容量为 184.32 kWp。光伏组件在屋面的平面布置如图 3-25 所示，每 16 块光伏组件构成 1 个光伏方阵，高架车站分布式光伏发电系统由 32 个光伏方阵构成。

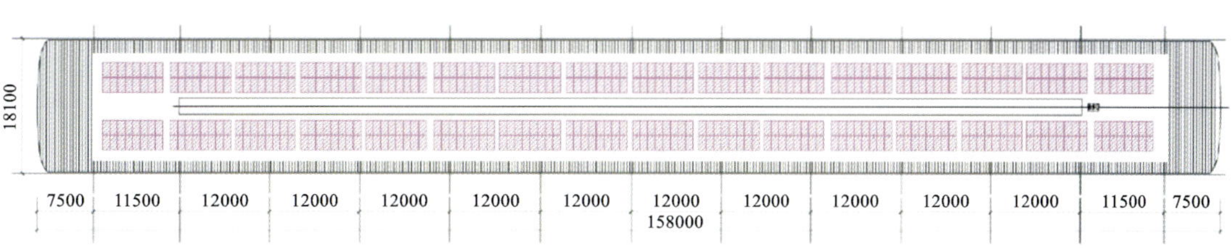

图 3-25　高架车站屋面光伏组件平面布置图(单位:mm)

4. 光伏方阵屋面钢结构受力条件

高架车站屋面光伏方阵采用专用夹具与铝镁锰屋面板肋固定，如图 3-26 所示，夹具固定点位选择在铝镁锰面板固定座的正上方，布置间距为 0.4 m，与屋面板肋一致。光伏方阵荷载通过光伏支架传递给夹具，夹具将荷载传递到屋面板上，再通过屋面板下的檩条、钢梁传至车站屋顶门型钢立柱。

图 3-26 光伏方阵在钢结构屋面固定实例图

深圳地区台风频繁，合理的光伏支架设计方案至关重要。利用 SM Solver 软件和 SAP2000 软件，建立光伏组件在车站屋面上安装的数学模型，对光伏组件与屋面的连接进行三维受力分析，通过计算光伏支架系统的夹具、支座、压块受力情况，提出了分布式光伏系统对车站屋面的结构受力条件：预留光伏系统荷载不大于 0.4 kN/m^2，单个支点夹具承受向上拉力不大于 2.18 kN，向下压力恒载设计值 0.33 kN、活载设计值 0.4 kN；屋面板夹具支座材料抗拉、抗压和抗弯能力为 160 N/mm^2、抗剪能力为 90 N/mm^2；光伏组件在屋面安装时需设置不小于 2.5 cm 的泄风口。

考虑列车进出站点所带来的振动问题，通过模拟计算和实测验证来优化光伏支架系统布置，采取特殊的防松动措施，使得支架系统不仅满足受力要求，同时还能适应深圳地区特有的台风灾害及列车运行振动等现实问题。深圳地铁 6 号线高架车站光伏支架系统夹具与屋面固定点分布如图 3-27 所示。光伏发电系统并网运行至今已近 2 年，经受了多次极端台风天气的考验，未发现因列车振动而出现支架系统松动情况。

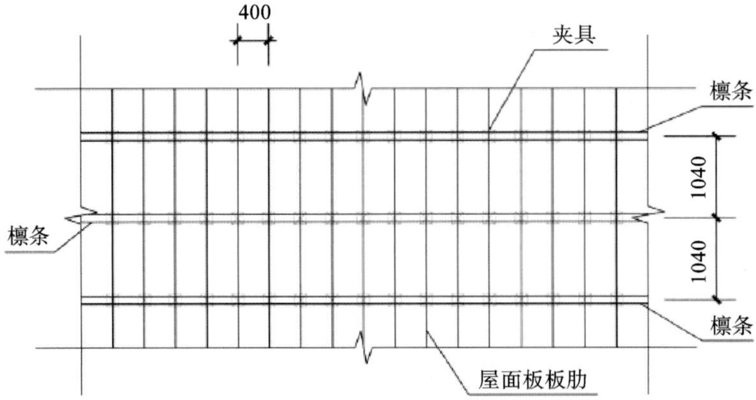

(a) 平面图

图 3-27 光伏支架系统连接夹具固定点位置图(单位：mm)

(b) 安装图

续图 3-27

三、分布式光伏发电系统并网方案

1. 并网接入方式选择

光伏发电系统分为独立光伏发电系统和并网光伏发电系统两类，后者无须配置蓄电池，可以使成本大幅降低。从供电可靠性及经济性角度分析，地铁高架车站宜选用并网光伏发电系统。根据地铁供电系统的特点，在 35 kV 交流侧、400 V 交流侧和 1500 V 直流侧可做光伏并网发电的接入点。由于地铁车站用电负荷较大，可供安装太阳能光伏组件的车站屋面面积又有限，经计算发现各车站日时发电量均小于日时用电量，仅能满足车站部分动力照明用电需求，故地铁高架车站光伏发电系统选择在 400 V 低压侧并网的方式。

高架车站变电所设 2 台 35 kV/0.4 kV 配电变压器，低压供电系统采用单母线分段的主接线方案，正常情况下 2 台变压器各带一半用电负荷。为保证最大限度地优先使用光伏电源，选择在动力变压器低压侧出线与低压进线断路器上端之间的母线处作为并网接入点，通过两段母线给车站动力照明负荷供电，维持两段母线供电平衡，系统主接线如图 3-28 所示。

结合系统装机容量，每座车站配置 6 台 30 kW 组串式智能逆变器，每台逆变器接入 5～6 个光伏方阵，采用 2 台“5 进 1 出”的交流汇流箱，分成 2 个并网点，并网于车站 2 台配电变压器 400 V 低压侧母线上。车站动力照明负荷优先使用光伏电源，光伏发电量不足部分由地铁电网补给，光伏系统不能发电时由地铁电网供电。

在并网接入点设置并网监控装置，实时监测变电所 400 V 进线断路器的电压和电流，当出现通信故障或其他故障（变电所故障或光伏系统故障）时，并网监控装置控制光伏交流并网断路器断开并隔离光伏发电系统与车站供电系统，避免故障扩大或相互影响，确保供电的可靠性。

2. 对地铁供电系统可靠性的影响

地铁车站光伏发电呈珠链式独立分布，各车站光伏发电系统分别接入本站供电系统低压侧后，地铁供电系统网络结构由 2 路市政电源接入变为多电源接入结构。经潮流计算和模拟分析表明，分布式光伏发电接入车站低压侧后，前端线路负载率略有下降，但不影响供电系统潮流方向；系统短路容量增大，短路电流随之增大，进而提高了保护装置灵敏度。因此，地铁供电系统原有保护配置满足光伏发电系统接入后的稳定运行要求。

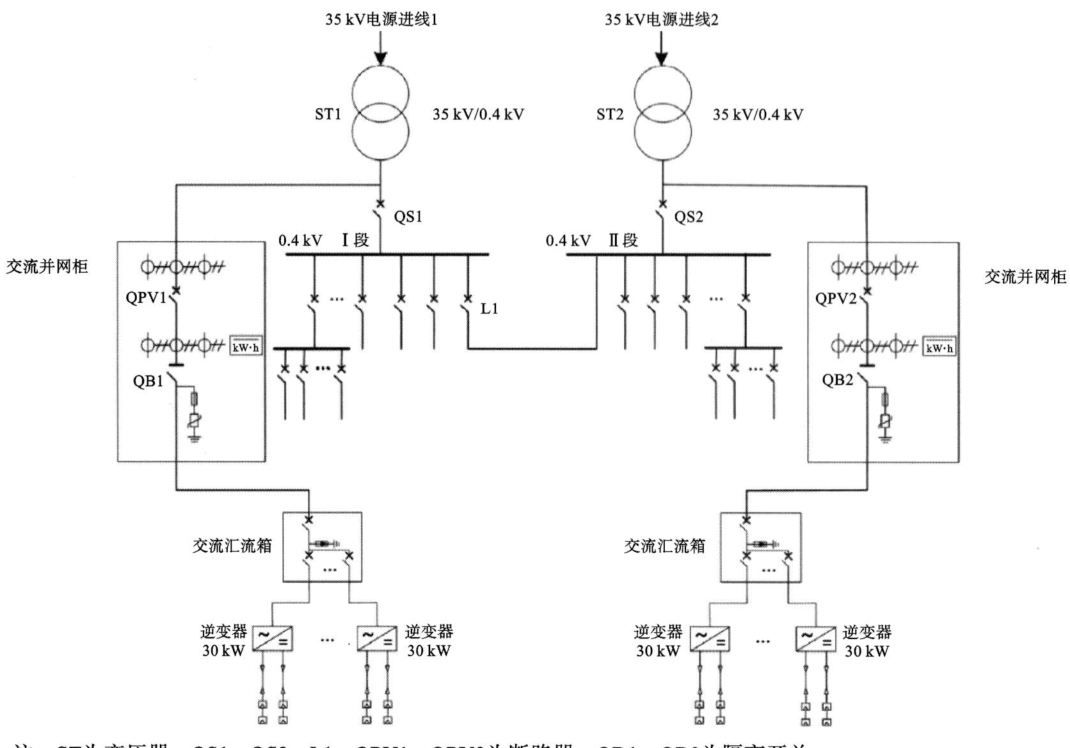

注：ST为变压器，QS1、QS2、L1、QPV1、QPV2为断路器；QB1、QB2为隔离开关。

图 3-28　高架车站分布式光伏发电系统主接线

四、光伏发电系统监控方案

深圳地铁 6 号线充分利用地铁综合监控系统、能源管理系统、乘客资讯系统和通信传输通道对各车站光伏发电系统进行管理。车站光伏发电监控系统的运行模式是将车站级综合监控系统、能源管理系统的数据通过地铁通信传输系统连接至控制中心级能源管理系统，对光伏发电系统的运行状态、设备参数、环境数据等进行监视、测量和控制；对当前和历史发电量、节能减排情况进行对比统计分析，对全线光伏发电数据进行整合，为运营、检修、管理等提供全面、便捷、差异化的数据和服务，为进一步优化提供实际数据支持。

五、光伏发电系统附属设施

1. 防雷接地设计

高架车站光伏发电系统设备的保护接地、工作接地、屏蔽接地及防雷接地共用车站综合接地系统，接地电阻不大于 4 Ω。

屋面光伏系统采用 50 mm×5 mm 的热浸锌扁钢组成不大于 10 m×10 m 或 12 m×8 m 的接闪器，接地扁钢与屋面预留接地端子可靠焊接。光伏组件采用接地线相互连接，且其至少有 2 点与光伏支架可靠连接，支架至少有 2 点与扁钢网格可靠电气连接；屋面监控、环境监测仪支架和冲洗给水管等金属构件与接地扁钢网格有可靠电气连接。在光伏逆变器、交流汇流箱和并网柜中逐级加装防雷浪涌保护器，实行多级防雷保护。

2. 屋面检修与维护通道设计

屋面检修与维护通道布置在屋面采光天窗四周等人员通行区域，方便工作人员安装和维护光伏组件，提高光伏组件安装和维护工作的安全系数。

检修和维修通道包括固定支架和人行板，通道距光伏组件水平距离 200～300 mm，高出光伏组件 0～100 mm。人行板采用 400 mm 宽树脂格栅材料，采用光伏专用夹具和角钢固定安装。

3. 光伏组件清洁设计

若光伏组件表面受车站周边环境影响积灰过多会降低系统发电量，因此屋面光伏组件需定期清洁。深圳属于多雨地区，采用的光伏组件具有自洁功能，在自然雨水后可自行达到清洁状态，在长期未下雨时可由人工冲洗屋面光伏组件。

屋面两端需预留给水接入条件，设计水压满足屋顶清洁的要求。对于不满足条件的车站在站台增设给水管道泵，在屋面沿采光天窗四周布置 DN50 不锈钢水管，安装 12 个水龙头，以便接管清洗。

4. 屋面监控设计

为方便运维人员掌握屋面光伏组件日常情况，在屋面设置 2 处高清监控摄像头，可对屋面光伏设施进行无死角监视。同时，在屋面设置 1 套环境监测仪，可对环境温度、太阳能辐照强度、风速等气象数据进行监测。屋面视频监控和环境监测数据均接入光伏发电监控系统，在车控室通过综合监控系统可方便查看车站屋面光伏发电系统情况。

六、应用实践

深圳地铁 6 号线 12 座高架车站分布式光伏发电系统于 2020 年 8 月正式并网运行，运行实测数据表明光伏发电量可满足高架车站约 30%的动力照明用电需求，在高峰发电时段甚至可提供 80%以上的用电量。该光伏发电系统年发电约 234 万 kW · h，25 年设计寿命期内预计总发电量 5856 万 kW · h，减排二氧化碳 58400 t，纯经济收益达 5000 万元以上，可实现经济与生态双丰收。

七、案例总结

随着国家双碳目标的设立和光伏发电系统成本的进一步降低，“光伏＋轨道交通”模式具有更广泛的经济效益和显著的社会效益。深圳地铁 6 号线高架车站分布式光伏发电系统的创新设计和并网发电可运行模式，填补了太阳能光伏发电在城市轨道交通高架车站中规模化应用的空白，为小容量、分布式光伏发电系统在城市轨道交通中的进一步推广应用提供了示范案例，对城市轨道交通节能减排、降低运营成本具有重要意义，对推动分布式光伏发电系统在我国城市轨道交通中的应用起到引领和示范效应。

第四节　重庆城市轨道交通智能环保夜景照明应用案例分析

一、项目概况

重庆城市轨道交通 3 号线一期工程全线长约 20 km，其中地下线长约 10.2 km，高架线路长约 9.8 km。工程共设有车站 18 座，其中高架车站 9 座，地下车站 9 座，同时设童家院子车辆段及综合基地 1 处。

重庆城市轨道交通 3 号线一期工程线路走向及昼景如图 3-29、图 3-30 所示，线路穿越了江北区、渝中区和南岸区，将重庆新旧工业园区串联在一起，线路沿线可以见证重庆市产业的变迁发展和重庆市的快速发展。城市轨道交通车站及景观设计是对当地文化的延续与传承，“产业重庆”成为重庆城市轨道交通 3 号线一期工程的核心文化主题。

图 3-29　重庆城市轨道交通 3 号线一期工程线路走向图

图 3-30　重庆城市轨道交通 3 号线一期工程昼景

夜景照明项目范围包括 6 座高架车站（二塘[①]、金渝、碧津、四公里、牛角沱、唐家院子）和高架区间（长约 9.8 km，不含嘉陵江和长江大桥轻轨过江段），一期项目已经实施完工并通过验收。

① 2019 年 12 月 1 日起，重庆轨道集团将单轨 3 号线“二塘站”更名为“重庆交通大学站”。

二、设计总体要求

注重整体艺术效果，在不影响城市轨道交通使用功能的前提下，展现其形态美感，并与周边环境协调；控制光污染，防止亮度失衡产生眩光干扰驾驶作业；高架线路照明装置应有防震措施；使用安全可靠、运维方便的设施；使用低碳环保设施，控制投资。

三、设计方案

1. 高架车站

(1)方案构思。

高架车站夜景照明设计以“产业重庆”为主题，突出城市轨道交通绿色环保的理念，在简洁大方、便于维护的前提下，充分利用车站外形设计文化元素。重庆在建轨道线路众多，从全市整体城市轨道交通规划及线路识别角度出发，3 号线的识别色为科技蓝，以蓝白色系为设计主色彩，采用湖蓝色、白色（4000 K）和暖白色（3000 K），单体高架车站以站名标识进行识别区分。唐家院子站、牛角沱站和四公里站的夜景照明设计效果图如图 3-31～图 3-33 所示。通过结合高架车站夜景照明与站内功能照明，使车站在夜晚显得晶莹通透，凸显了车站建筑的造型特征。蓝白相间的色彩格调既庄重又典雅，使高架车站在重庆市的美丽夜景下显得更为绚丽。

图 3-31　唐家院子站夜景照明设计效果图

图 3-32　牛角沱站夜景照明设计效果图

图 3-33　四公里站夜景照明设计效果图

(2)效果模拟与计算。

①车站顶板立面照明效果模拟与计算。灯具采用 20°×60°配光方案,如图 3-34(a)所

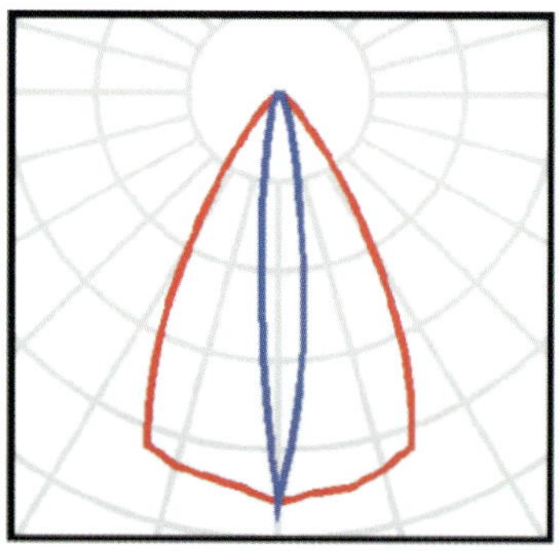

(a) 照明模拟用灯具配光曲线

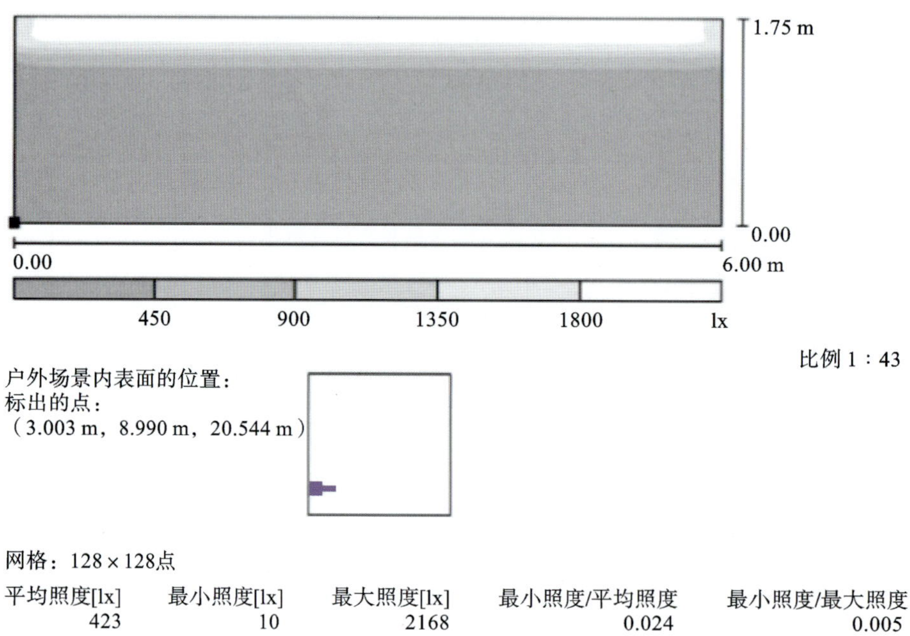

(b) 模拟计算示例

图 3-34　车站顶板立面照明效果模拟计算图

示，使用湖蓝色 24PCS 洗墙灯。通过计算机模拟验证了设计方案的可能性，可以实现距离顶板立面 1.75 m 的均匀照明效果，照明模拟计算灰阶等照度如图 3-34(b)所示。

②车站立面照明效果模拟与计算。灯具采用色温为 3000 K 的 15 PCS 洗墙灯，灯具配光曲线如图 3-35(a)所示，通过计算机模拟验证了设计方案的可行性，灯具距立面 10 cm 安装，可以实现距离车站立面 6 m 的高仿木纹板均匀照明效果，模拟计算灰阶等照度图如图 3-35(b)所示。

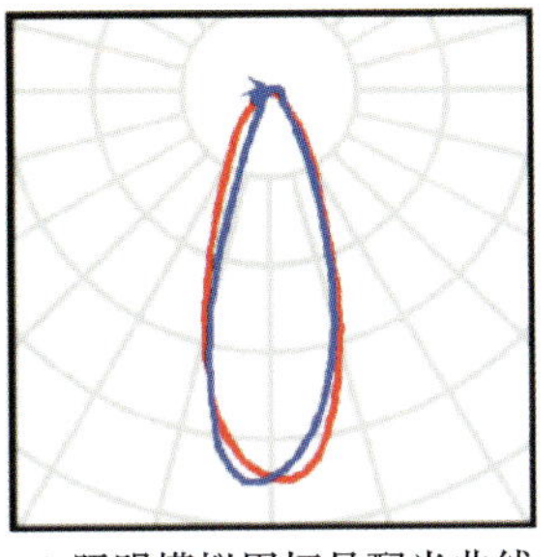

(a) 照明模拟用灯具配光曲线

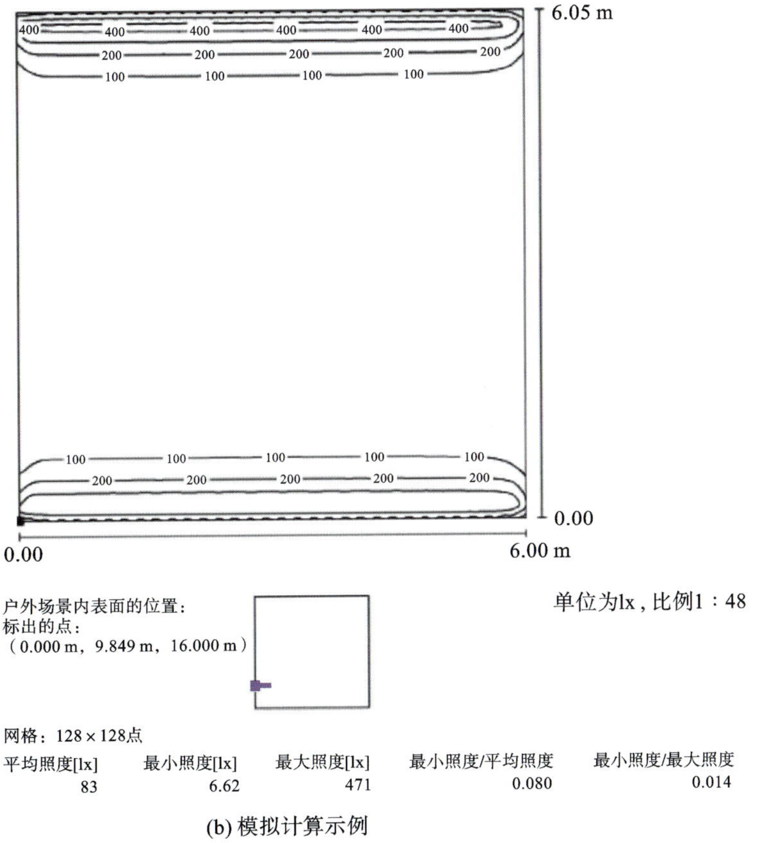

(b) 模拟计算示例

图 3-35　车站仿木纹立面照明效果模拟计算图

(3)实施效果。

项目实施过程中进行了多次样板段安装及调试,如图 3-36、图 3-37 所示。车站顶部湖蓝色LED 灯珠由 1 颗蓝色 LED 芯片和 1 颗绿色 LED 芯片集成封装而成,经 3 次试灯修正后最终确定了蓝绿配比,使得使用效果达到设计要求。高架车站照明实景如图 3-38、图 3-39 所示。

图 3-36　车站顶部灯具安装及调试

图 3-37　车站仿木纹立面灯具安装及调试

图 3-38 高架车站实景照片

图 3-39 利用灯具间溢散光形成点光源效果实景照片

2. 高架区间线路

(1)设计难点。

①区间线路地上高架部分线路长，约 9.8 km，随地势高低起伏，视觉效果绵长壮美。转道类型为跨座式单轨，采用 6 节/8 节编组跨座式单轨列车，灯具安装条件有限。夜景照明要

展现高架线路自身结构形态美感，对照明设计的要求很高，不能简单选择点光源式自发光照明方式。

②区间线路长期受城市轨道交通车辆行驶影响，对照明灯具的性能有严格要求。

③夜景照明采用的灯具需要严格控光，不能产生眩光干扰驾驶员作业。

(2)方案构思。

重庆城市轨道交通 3 号线轨道实景如图 3-40 所示，经现场考察及对安装条件的分析，最终选择轨道梁底部和区间墩柱作为高架区间线路的照明载体，将灯光控制在轨道梁底部范围及墩柱以内，在不同的观赏尺度可以呈现不同的点线面结合的照明效果，风格简洁、明快，效果大气恢宏，展现了城市轨道交通高架区间线路的形态结构美感。高架区间线路夜景照明设计效果如图 3-41 所示。

图 3-40　重庆城市轨道交通 3 号线轨道实景

图 3-41　高架区间线路夜景照明设计效果图

灯具设计要求：灯具要求坚固、轻便、安装方便；灯具应有防震措施，可以使用防震支架，安装后紧固，保证长期受车辆行驶影响也不会出现脱落现象，如图 3-42 所示；灯具光线要求均匀分布在轨道底部平面，不能有影响驾驶员作业的余光溢出。

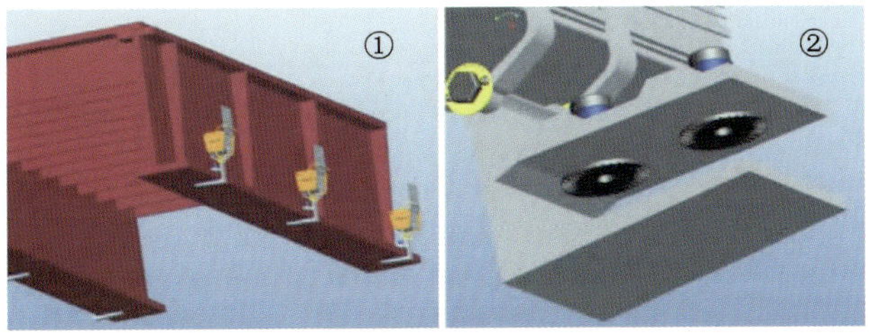

图 3-42　灯具防震支架安装示意图

采用15W LED拉伸矩形配光灯具，灯具长220 mm，控光范围为850 mm×3500 mm，光斑控制在轨道梁底部，形成连续光带；所有容易造成眩光的灯具都增加了遮光板以控制眩光，避免对驾驶员和行人的视线造成影响。

灯具配光设计：根据设计方案及载体条件，确定灯具的配光方案，如图3-43、图3-44所示。

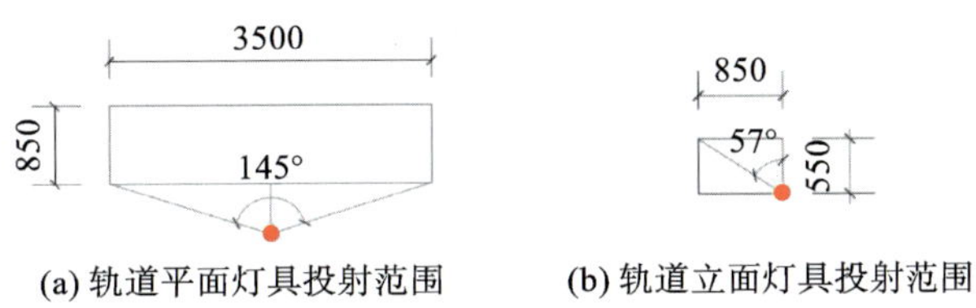

图 3-43　轨道平面和立面灯具投射范围示意图(单位:mm)

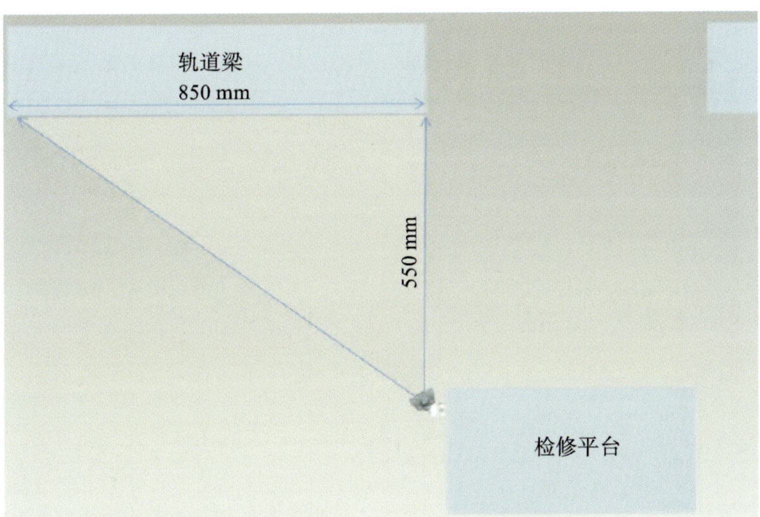

图 3-44　轨道梁灯具投射范围示意图

灯体样式设计：轨道投光灯具样式如图3-45所示，灯体尺寸为220 mm×60 mm×56 mm(长×宽×高)，利用透镜二次配光，再通过调节控光板来调节投射范围，将灯光准确控制在规定范围内，不出现余光影响驾驶员视线。

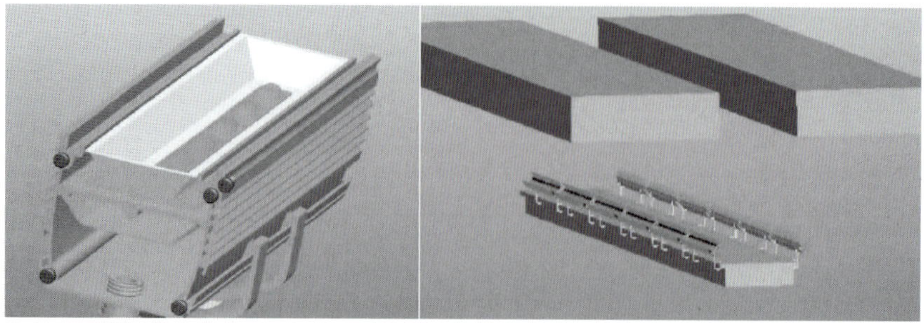

图 3-45　轨道投光灯具样式

(3)效果模拟与计算。

灯具配光曲线如图 3-46(a)所示,模拟计算等照度如图 3-46(b)所示。通过计算机模拟验证了实施方案的可行性,基本达到设计要求。

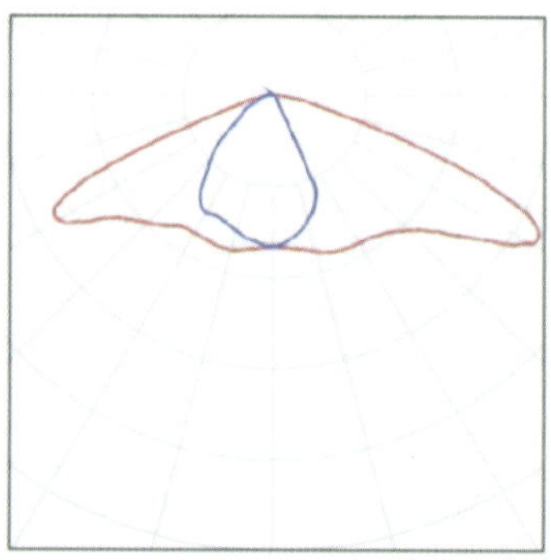

(a) 照明模拟用灯具配光曲线

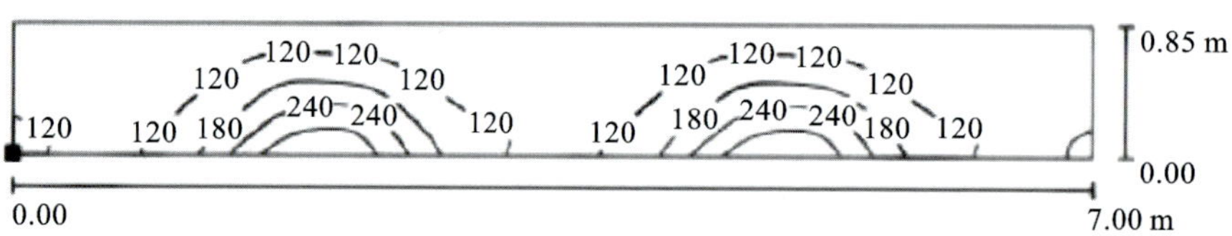

单位为lx，比例1：51

户外场景内表面的位置：
标出的点：
（0.000 m，9.570 m，9.575 m）

网格：128×16点

平均照度[lx]	最小照度[lx]	最大照度[lx]	最小照度/平均照度	最小照度/最大照度
133	61	345	0.458	0.176

(b) 模拟计算等照度图

图 3-46　轨道梁底部照明效果模拟计算图

(4)实施效果。

经过灯具设计、研发测试与试灯修正，最终效果达到设计要求，高架区间线路夜景照明实景如图 3-47 所示。

图 3-47　高架区间线路夜景照明实景照片

四、照明方案特点

1. 节能环保

高架车站顶部及高架区间线路轨道梁底部的 LED 灯具均起到了一灯两用的效果，可以实现传统“LED 洗墙灯＋点光源”的照明效果。高架车站建筑有效投射立面功率密度平均为 5.35 W/m^2，高架区间线路有效投射立面功率密度平均为 3.08 W/m^2。

2. 智能控制

工程采用 PHILIPS 智能控制系统，可以“因时而异、因需而变、因地制宜”地实现对各站点及区间线路照明的智能管理。城市轨道交通智能控制架构如图 3-48 所示。

五、案例总结

(1)要充分运用设计中的“哲学三问”(“你是谁?”“你从哪来?”“你到哪去?”)开展设计工作，合理选择照明载体、被照面、照明方式，充分考虑灯具布置条件，高度重视光照方向控制，充分利用被照物以外的光达到虚实结合、移步异景的效果。

(2)进行城市轨道交通高架车站及高架区间线路的照明设计时，可利用灯光对建筑结构进行有序刻画，在夜晚展现城市轨道交通建筑自身的美感。

(3)色彩运用要有逻辑，配光要精准，并严格控制眩光。

(4)不能只使用灯具厂家已有的灯具来做设计，而要根据设计需求来开发新的灯具产品，实现最佳的照明效果。

(5)夜景照明中最有效的节能措施是设计智能控制系统。

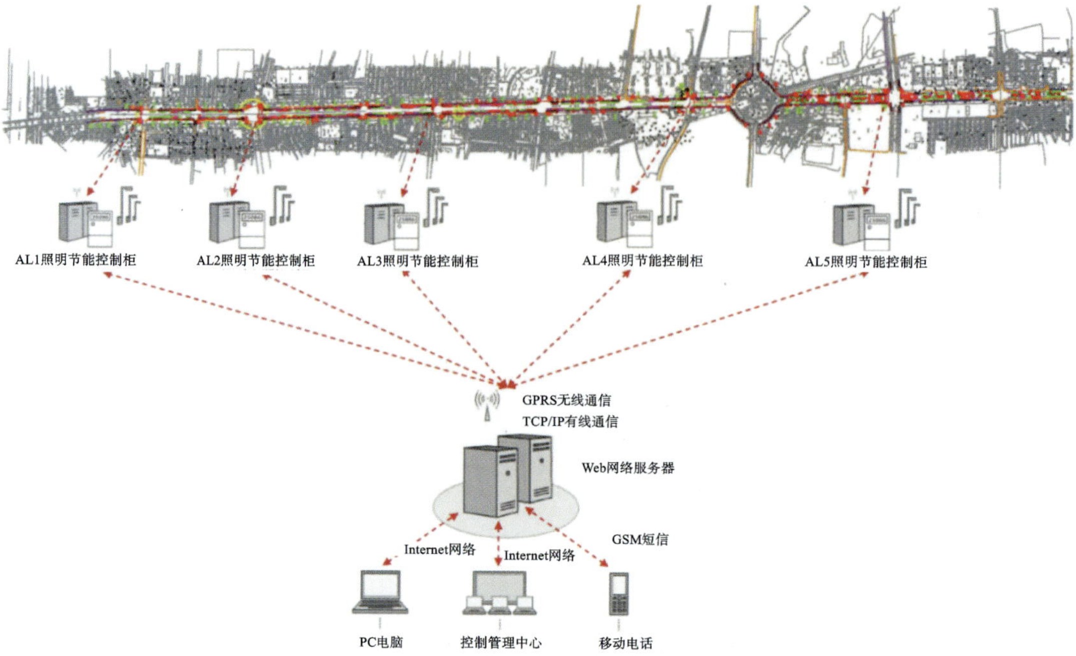

图 3-48　城市轨道交通智能控制架构示意图

第五节　上海城市轨道交通"BIM＋IoT"数字化运维管理应用案例分析

上海轨道交通 18 号线工程是上海市城市轨道交通路网中贯穿东北部与东南部的切向线，与 13 条轨道交通线路形成 10 个换乘节点，全长 36.93 km，全部为地下线，共设车站 26 座，控制中心 1 座。该项目在全生命周期开展 BIM 技术应用，实现了 BIM 数据全生命周期无缝传递，在运维阶段以竣工交付数字资产为基础，轻量化共享竣工模型数据，自动化集成物联网(IoT)数据、运维技术(OT)数据，以数据驱动运维管理标准化，助力轨道交通车站运维管理的数字化转型。

一、项目概述

上海轨道交通 18 号线聚焦数字化应用，在规划阶段就制定了全生命周期的 BIM 技术应用策略。设计阶段，开展正向设计探索，实现了多专业协同的精细化设计；施工阶段，利用 BIM 技术指导施工，打造简约化、集成化、一体化的装修安装风格；运维阶段，竣工模型与车站智慧运维管理平台同步移交，利用 BIM 数据实现数据的集成化应用和管理的模式创新。

上海轨道交通 18 号线车站智慧运维平台以建设阶段交付的 BIM 竣工模型数据为基础，搭建了三维轻量化数字化运维模型场景，集成了运营期间各类静态、动态数据，包括设备厂商产品模型与资料、资产信息、设备运行状态信息、视频监控、人员定位信息等，数字化模型与车站实际运行状态相对应，初步实现数字孪生(见图 3-49)。

图 3-49　“BIM＋IoT”在地铁运维中的应用

二、项目主要创新点

1. 基于“BIM＋IoT”的轨道交通数字孪生底座建设

(1)数字资产平台化交付。

数字资产的交付，以往通常采用“线下审核＋物理介质移交”的方式，审核效率低、数据应用难度大。该项目在建设阶段利用线上平台进行交付审核，数据自动同步到运维平台，如图 3-50 所示。项目设备产品数字资产覆盖 711 类设备，文档资料数量达 47583 项，共计 48 家设备供应商、设备监理等单位参与，减少审核工时 35%以上，大大提升了工作效率和数据质量。

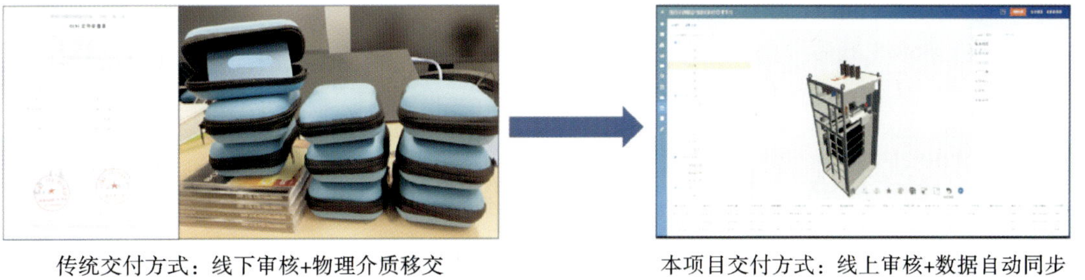

传统交付方式：线下审核+物理介质移交　　本项目交付方式：线上审核+数据自动同步

图 3-50　数字资产平台化交付

(2)运维模型数据轻量化共享。

通过 BIM 模型轻量化自动处理流程，在保证模型渲染效果的同时，保证平台访问的便捷性、流畅性、稳定性，满足作为数字孪生底座的基本要求。该项目通过自主研发的数据处理工具，对竣工模型进行数据检查、数据导出，在三维场景中进行实例化和材质优化处理后，轻量化发布至车站智慧运维平台中，如图 3-51 所示。上海轨道交通 18 号线竣工交付的全线车站竣工模型原文件大小共计 68.6 GB，轻量化处理后的模型约 35.8 GB，平均轻量化率在 47.8%左右。

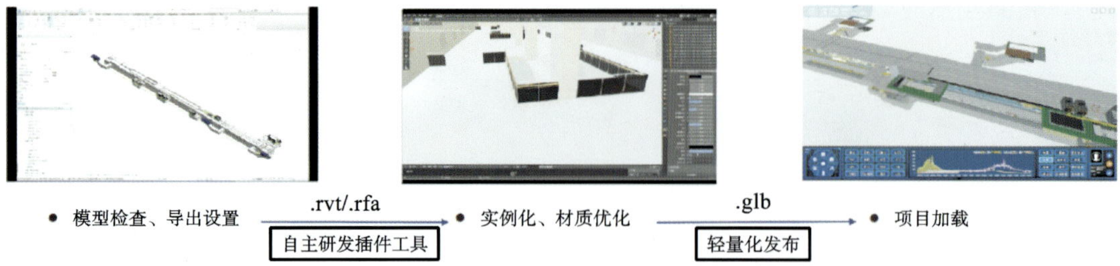

图 3-51　运维模型数据轻量化共享

(3)数据自动化集成技术。

基于轻量化数字底座集成运维阶段各类静态、动态数据,以统一编码为核心形成数据自动化集成技术路径,进而服务于业务应用场景,如图 3-52 所示。

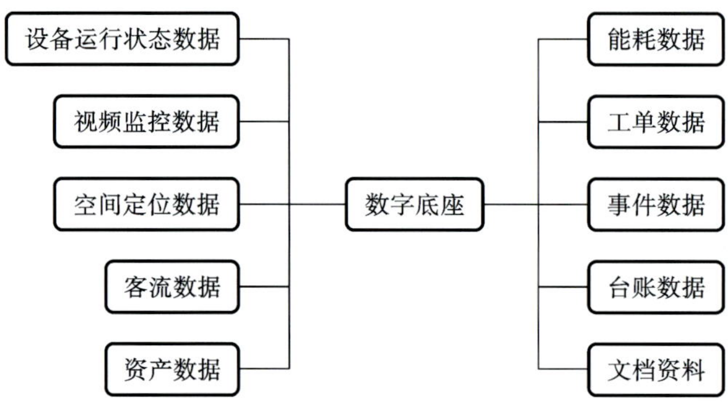

图 3-52　数据集成

(4)室内定位融合技术。

该项目创新性地采用蓝牙技术和超宽带技术融合定位方案,满足不同区域人员的定位精度需求。室内定位融合流程如图 3-53 所示。

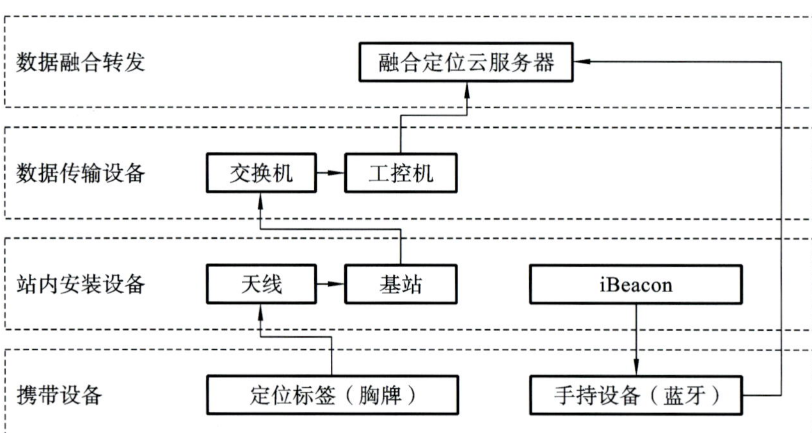

图 3-53　室内定位融合流程

2. 数字孪生驱动车站运维标准化管理业务

将竣工移交的数字化资产通过物联网技术与设备运行状态集成，实现设备管理、客运管理、人员管理、数据分析等 4 项核心应用，这种模式已在上海轨道交通 18 号线实际工作中应用，具备较高的应用成熟度。

(1)设备管理。

在平台三维场景中，不仅可以查询设施设备的基本信息，包括编码、名称、规格型号、生产厂商等，还可以进一步查看竣工交付的精细模型、设备文档资料等静态数据。同时，在三维场景中，还能够可视化显示设备实时运行状态和详细运行数据，对故障设备可直接发起维修工单，自动填入设备编号、故障代码等信息，保证工单数据的结构化(见图 3-54)。随着数据的积累，形成设施设备运行履历，可分析设施设备健康程度。在现场通过移动端扫描二维码，可进行查询、报障、设备巡检等操作，大大提升了一线人员工作效率。

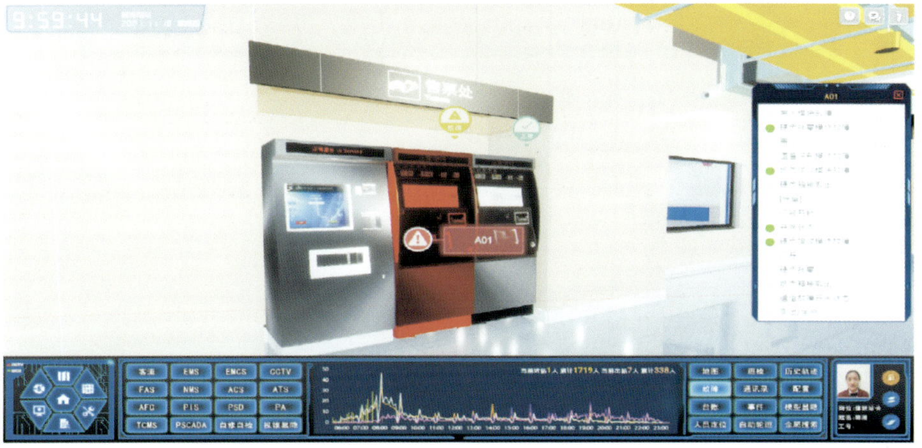

图 3-54　设备运行状态可视化

(2)客运管理。

平台集成车站客流数据，支持查询和数据分析，可掌握站内客流趋势，相应开展客运组织工作(见图 3-55)。移动端可上报客运事件，通过定位系统自动记录事件发生位置，可分析不同类型事件的高发位置，辅助客运组织决策。

平台将台账等大量日常工作数据电子化、结构化，可实现数据的查询追溯、统计分析，充分发挥信息价值。另外，集成视频监控数据，做到虚实结合，能够更好地为车站客运服务。

(3)人员管理。

平台集成定位系统数据，实现人员实时位置和历史轨迹的可视化查询。结合定位对巡检工作进行标准化配置和精细化过程管理，实时掌握巡检工作进度，并可进一步辅助委外人员管理(见图 3-56)。

(4)数据分析。

平台对各类数据进行统计分析和深度挖掘，一旦发现异常，及时预警，为管理决策提供支持。同时，该功能可以自动生成业务报表，作为员工的考核依据。

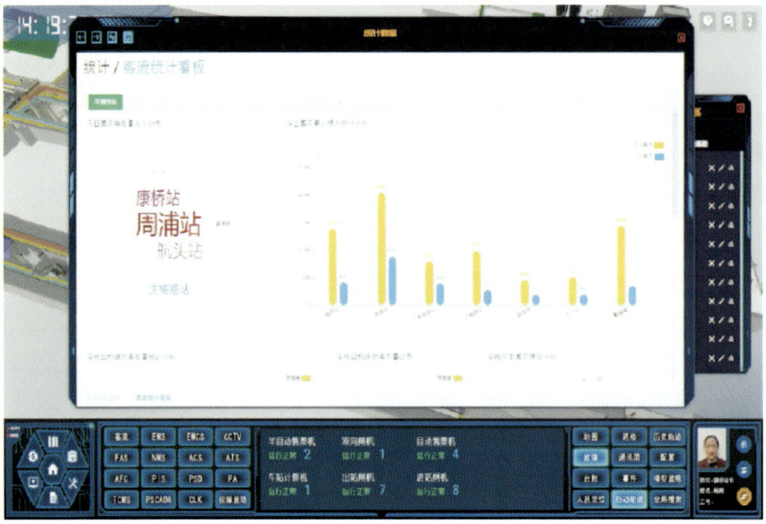

图 3-55　客流统计看板

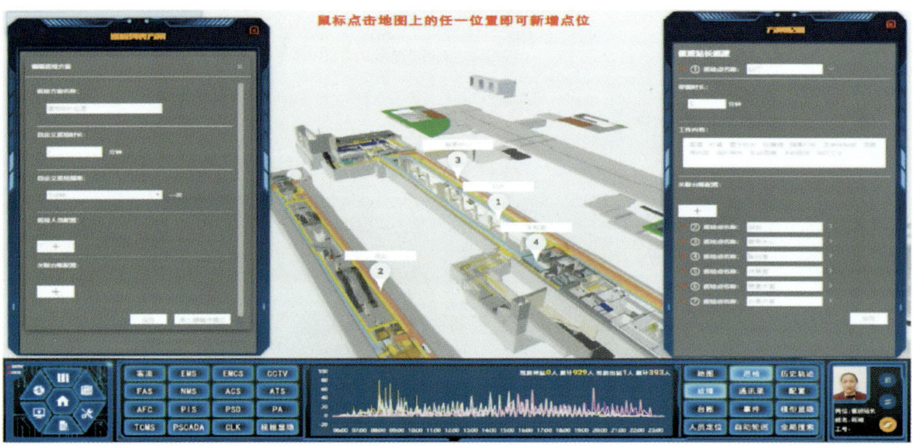

图 3-56　巡检工作配置

3. 制定数据交换标准，实现全业务链数据深度融合

该项目通过制定设备供应商数据交付技术指导要求，对原有项目级 BIM 交付标准进行了扩展和补充，打通了制造业与 BIM 的数据链。

该项目与综合监控系统、视频监控系统、定位系统、OA 办公系统、运管平台等 5 个外部系统进行动态数据对接，形成了项目适用的标准数据接口，并在其他线路进行推广，逐步升级为企业级数据接口标准，有利于实现全业务链数据深度融合。

4. 优化移交流程，实现数字资产与实物资产同步移交

该项目同步推进实物资产移交和数字资产移交，初步整合两个移交流程，从资产管理层面保证数字孪生虚实数据的统一性。设备供应商数据支付技术指导要求如图 3-57 所示。

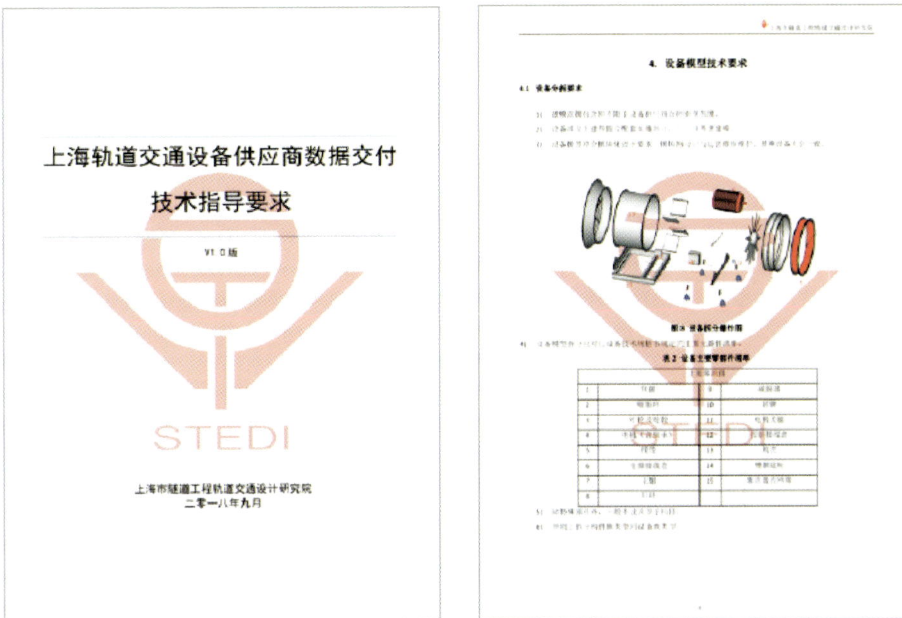

图 3-57　设备供应商数据交付技术指导要求

三、案例总结

车站智慧运维平台在上海地铁全线正式运营时同步上线，利用数据自动化集成和轻量化共享，为车站运营减负增效，为未来智慧城轨、智慧城市建设打下了坚实基础，在城市轨道交通运维阶段具有较高的推广应用价值。同时，通过该项目的应用和实施，为上海地铁运维阶段 BIM 应用相关标准的制定积累了宝贵经验，为企业数字化转型提供了技术支撑，有效促进了 BIM 技术在城市轨道交通行业全生命周期中的应用与发展。

第六节　郑州城市轨道交通信息网络融合应用案例分析

近年来，随着信息化技术的迅猛发展，城市轨道交通的建设、运营、管理、服务等各个领域均已引入相关技术。《中国城市轨道交通智慧城轨发展纲要》的发布为我国城市轨道交通的信息化、智慧化发展指明了方向。在“互联网＋城市轨道交通”战略引领下，我国城市轨道交通的信息化建设已初具规模。

然而，作为城市轨道交通行业发展支撑的现有信息网络与智慧城市轨道交通的发展要求还有巨大的差距。其一，由于信息网络技术发展迅猛，更新换代速度较快，因此之前制定的计划实施方案可能难以跟上技术发展的脚步；其二，目前的信息网络采用独立组网的搭建方式，无法实现各信息网络之间的数据互通；其三，智慧城市轨道交通建设对信息网络提出了更高的要求，其需依托云平台、大数据等技术，按照安全生产、企业管理、外部服务等功能要求搭建城市轨道交通云平台、数据中心以及底层应用，以实现对逻辑计算、存储备份、网络资源等的统筹管理，因此需要调整城市轨道交通云平台网络拓扑架构，实现安全生产网、企业管理网、外部服务网的融合，建设安全、可靠、数据互通的信息网络架构，为智慧城市轨道交通建设、信息网络安全部署提供支撑。

为解决上述问题，进一步规范城市轨道交通信息网络建设，我国出台了《城市轨道交通云平台网络架构技术规范》(T/CAMET 11004—2020)、《城市轨道交通云平台网络安全技术规范》(T/CAMET 11005—2020)等标准，针对信息网络融合下的数据互通、安全体系搭建等给出了指导意见。各城市的城市轨道交通公司也在积极规划或建设符合自身业务需求、融合发展的信息网络体系。

下面以郑州地铁为例，在阐述其信息网络融合现状的基础上，分析信息网络融合的难点，并据此提出郑州地铁信息网络融合相关建议，以期为城市轨道交通行业的信息网络融合提供思路，助力城市轨道交通信息化、智慧化转型发展。

一、郑州地铁信息网络融合发展现状

郑州地铁截至 2020 年 12 月已建成开通 7 条线路(含 3 号线一期)，运营里程共计 232.6 km，共运营 152 座车站，已步入网络化运营阶段。其信息网络建设也初具规模，已构建安全生产网、企业管理网、外部服务网 3 张网络(见图 3-58)。其中，企业管理网承载企业内部的运营管理、建设管理、资源管理等管理类业务，负责传输人工录入、业务流转、汇总计算产生的结构化数据和非结构化数据，数据来源包括办公协同系统、建设招投标系统、人力资源系统、合同管理系统、采购管理系统、资产管理系统、施工管理系统、故障管理系统、资源开发系统、内部培训系统和财务管理系统等。安全生产网承载面向一线生产及调度人员的运营生产类业务，负责传输管理类数据、设备状态数据、图像音视频数据等，其中管理类数据指管理系统中人为操作或统计计算产生的数据，设备状态数据指由各专业设施设备产生的运行状态和告警数据，图像音视频数据指视频监控、广播等系统产生的音视频数据。外部服务网承载面向社会公众的服务类业务，包括乘客服务、对外展示、对外接口等，数据来源包括客户服务系统、闭路电视监控系统、企业门户网站、互联网等。

在具体业务方面，郑州地铁自动售检票系统(AFC)业务由企业管理网、安全生产网、外部服务网综合承载；对于乘客移动端支付业务，通过智能乘车平台实现安全生产网与外部服务网之间的数据交互，打造多元化的乘客出行以及扣费方式；对于企业管理业务，依托统一云平台，打通政务外网，实现数据在安全生产网与企业管理网之间的双向传输，在吸纳部分外部交通运输数据(如气象、公交数据)以服务生产调度的同时，推送客流及视频数据至城市大脑以辅助城市交通的统筹管理。

为确保数据在信息网络中传输的安全性，郑州地铁根据《信息安全技术 网络安全等级保护安全设计技术要求》(GB/T 25070—2019)，采用边界防护、网络隔离、数据摆渡的技术实现各网域之间的隔离(见图 3-59)。

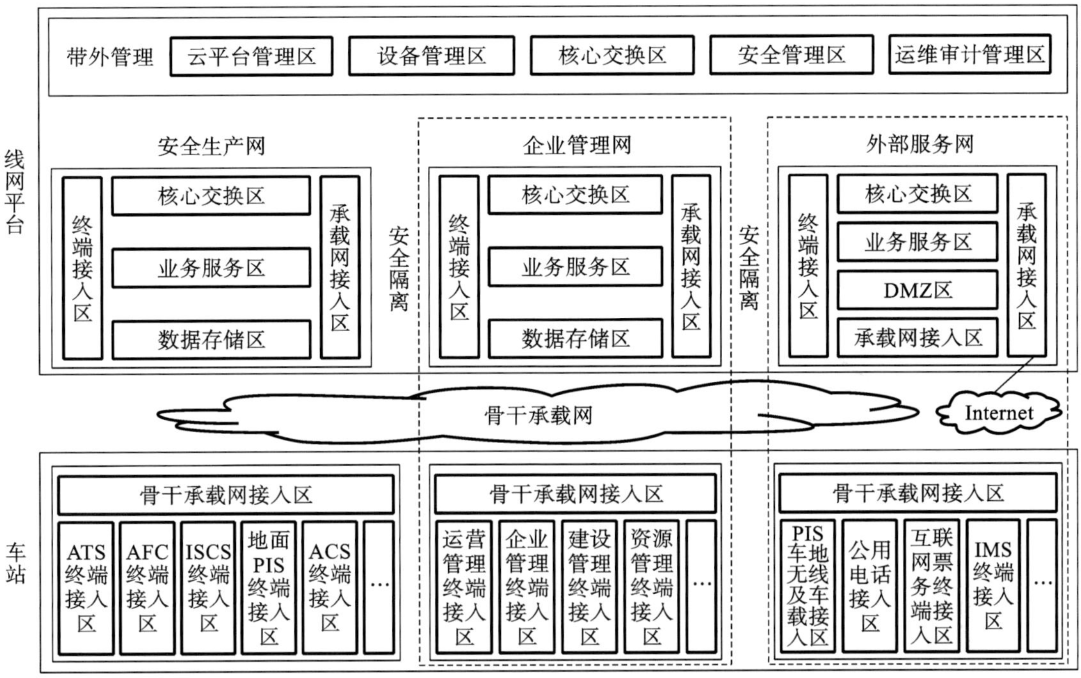

注：ATS为列车自动监控系统；AFC为自动售检票系统；ISCS为综合监控系统；PIS为乘客信息系统；ACS为门禁系统；IMS为IP多媒体子系统；DMZ为隔离区。

图 3-58　郑州地铁信息网络划分

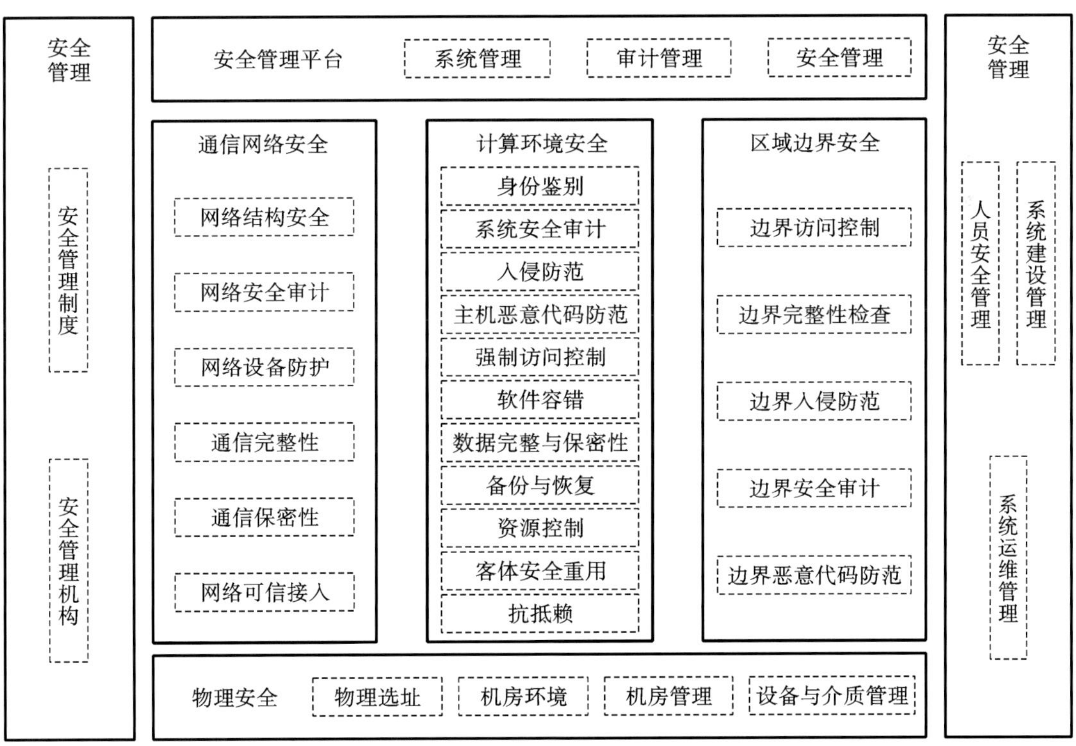

图 3-59　郑州地铁安全管理架构

二、郑州地铁信息网络融合难点分析

郑州地铁是面向社会的公共交通服务企业，需在确保安全生产网安全、稳定的前提下进行信息网络融合，信息网络融合后的系统安装配置、备份恢复、资源共享、安全性和性能优化等都是信息网络管理的重要方面。因此，其信息网络融合存在以下难点。

1. 信息网络环境复杂

目前，郑州地铁的安全生产网与企业管理网、外部服务网均采用物理隔离的方式相互独立运行，以保障安全生产网的安全性。其中，安全生产网覆盖变配电、接触网、轨道、房建、通信、信号、通风空调、低压配电、给排水及水消防、屏蔽门、电扶梯、ISCS、环境与设备监控(BAS)、火灾自动报警(FAS)、ACS、AFC 共 16 个子专业，各专业系统同时运行，大部分专业系统间网络相互独立，各子网之间的网络接口、传输数据存在较大差异，难以实现数据的实时交互。部分专业由于其特殊性，在设计、建设阶段已制定相关接口标准，因此在运营阶段可以实现数据交互，如 ISCS、自动售检票线网管理中心(ANCC)等系统。

2. 信息网络安全性挑战

由于信息网络的安全性将直接影响城市轨道交通系统的正常运行，因此保障数据在其中的高效、安全、可靠传输尤为重要。由于郑州地铁各线路建设时间不同，其信息网络安全等级及保护标准存在差异，信息网络安全保护工作任重道远。开通较早线路的生产专业所配置的安全设备较少，导致安全生产网的防护水平和等级远低于企业管理网，因此安全生产网在信息网络融合后存在安全防护隐患，若信息网络融合后未采取技术手段和管理措施对网络边界进行管控，则网络黑客可轻易地在防护等级较低的安全生产网端利用不法手段突破网络边界，非授权访问和攻击企业管理网并窃取数据，严重时可能造成企业管理网停用。

此外，如果在企业管理网和安全生产网之间采用数据双向传输的方式，易造成企业管理网中的敏感数据和信息反向传输至安全生产网内，从而导致信息被截取、秘密被泄露的安全风险。

3. 运维管理难度增加

信息网络融合后，安全生产网与企业管理网、外部服务网应遵循“统一规划、合理安排、互联互通、资源共享”的要求，满足城市轨道交通各业务系统运营及维护的需要，各业务系统间的数据交换将通过统一云平台实现。这不仅需要对平台进行维护的相关技术人员，也需要各业务系统网络的维护人员。而目前，郑州地铁尚未储备足够数量的运维人员，因此培养相关的运维人才、建立专门的运维团队、搭建专业的运维管理体系势在必行。

三、郑州地铁信息网络融合发展建议

在上述分析的基础上，本章有针对性地提出郑州地铁信息网络融合发展的建议如下。

1. 优化信息网络架构

为实现信息网络融合发展，应优化信息网络架构，打破专业隔离，实现数据资源共享及安全生产网、企业管理网、外部服务网 3 张网的统一、协同，促进资源的集约利用。根据郑州地铁的信息网络管理模式及信息技术应用现状，提出以下建议。

(1)在安全生产网、企业管理网、外部服务网的基础上，依据功能、业务、安全级别、资源类型、服务等级协议(SLA)等方面的要求划分不同的信息网络分区。

(2)安全生产网相关业务系统采用中心云平台和站段云节点2级物理架构。

(3)企业管理网相关业务系统采用中心一级物理架构。

(4)由于统一云平台负责安全生产网内部以及安全生产网与企业管理网、外部服务网之间的数据交换和共享,以及各业务系统的大数据分析,因此统一采用信息安全保护等级三级,以避免各子系统重复进行“三级等保”,从而节省运营成本。

2. 部署安全技术

目前,郑州地铁已运营线路的安全生产网、企业管理网、外部服务网无统一的管理平台,存在网络环境复杂、数据传输不安全等弊端。为解决上述问题,建议采用数据信息加密、包过滤防火墙、应用网关防火墙、数据安全交换等技术。

(1)数据信息加密技术。数据信息加密技术可有效提高数据破译难度,从而防止数据被盗取,保障数据安全。目前常用的技术为对称加密技术。

(2)包过滤防火墙技术。信息网络融合后,信息处理业务量会有所增加,其中会掺杂一些有害信息与内容。包过滤防火墙技术可以对海量的不同类型数据逐一进行审核,过滤掉存在安全威胁的数据,从而有效保障信息网络的健康运行。

(3)应用网关防火墙技术。在信息网络融合的背景下,数据安全隐患主要来源于终端设备,应用网关防火墙技术可以把对应用层数据的检测转移到决策阶段,并对所有的数据包进行记录、统计和分析,以确保数据包安全可靠,从而有效防止应用层被病毒侵害。

(4)数据安全交换技术。在信息网络融合组网时,可利用该技术在网络交集点建立“边界数据隔离安全交换区”,通过对网络间的数据流量进行分类管理、分级管控,并在流量出口处增加行为审计机制,以便及时调整数据传输限制策略,最终实现对传输数据的严格管控,以及对网络之间访问行为的有效监管。

3. 控制数据流向

针对企业管理网数据敏感度高(一旦泄露会产生一定风险)、实时同步要求不高的情况,建议数据传输采用从安全生产网单向传输至企业管理网、从企业管理网单向传输至外部服务网的方式,并通过控制数据传输格式、查杀病毒、控制网络边界、履行审批程序等方式满足信息网络融合背景下的数据传输安全性要求。

4. 建设运维团队

建立成熟、高效的运维团队是保障高质量运维管理的关键。运维团队建设应致力于培养、协调、激励参与运维的各方人员。郑州地铁应组建专业的维护团队和质量安全团队对平台进行管理和维护。其中,维护团队承担平台的软、硬件维护和软件测试工作,质量安全团队负责把控运维质量,预估和防范安全风险。专业应用软件应由各专业的运维人员独立维护,并形成统一管理、统一负责、统一调度、统一运维的管理模式。

四、案例总结

实现安全生产网、企业管理网和外部服务网的融合是城市轨道交通智慧化转型的关键,各城市轨道交通公司应探索出一条适合自身发展的信息网络融合路径,以营造稳定、可靠、安全的网络环境,支撑城市轨道交通信息化、智慧化发展。

第七节　宁波城市轨道交通 MLC 大数据平台应用案例分析

一、项目整体背景及目的

2014 年 5 月 30 日，宁波轨道交通 1 号线一期开通试运营，截至 2021 年 12 月，累计运送乘客已经超过 10 亿人次。5 号线开通前，宁波轨道交通 AFC 系统采用传统的五层架构，随着 5 号线开通，宁波轨道交通的运输能力大大提升，集团也引入了行业最为先进的多线共用中央计算机系统（以下简称 MLC 系统）。

MLC 系统是轨道交通 AFC 系统的最上层管理中心，在整个轨道交通系统中扮演着非常重要的角色。系统可以实现整个路网的“互联互通”，包括系统的票卡发行和管理、AFC 系统与其他外部非轨道交通接入系统之间票款收入的清分和管理、对新线路 AFC 系统的接入等功能。与此同时，伴随着客运量的增加，票务数据量也会大大增加，需要有系统的大数据平台来对这些数据进行集中处理、分析，为运营提供数据支持。

项目旨在建立一套地铁大数据系统，通过对 MLC 系统产生的所有数据进行统一接入收集，并提供数据清洗、整合、分析以及建模功能，最终以可视化方式展示数据结果。项目包括大数据基础平台和业务系统平台，其中大数据基础平台包括大数据基础组件和可视化管理组件，提供大数据基础能力，确保平台大数据业务的正常运行；业务系统平台根据业务场景需求，利用大数据基础组件进行大数据处理分析，最终以可视化方式展示数据结果。数据只有利用起来才能产生价值，如今宁波轨道交通已具备了探索和推进地铁票务大数据应用的能力。

二、MLC 大数据平台简介

MLC 大数据平台运用日趋成熟的云计算技术，从各个业务系统中获得有价值的信息进行信息归纳、检索、整合，为海量数据的处理分析提供基础。通过数据采集与预处理、数据存储、数据建模分析和数据可视化等大数据技术，实现数据资产的增值。

通过数据管道将各个业务系统中的 OD 数据、客流数据、票务数据、清分数据、收益数据、站点数据、设备数据、监控数据、故障数据、日志数据打通，将结构化数据、非结构化数据分布存到数据仓库中。基于数据仓库的高效存储，采用包括回归分析、分类、聚类、关联分析、统计分析、主成分分析、支持向量机、神经网络、深度学习、优化算法和智能推荐等基础算法对数据进行深度挖掘。最终以折线图、柱状图、散点图、饼图、雷达图、地图、仪表盘、漏斗图、树图、标签云、图谱、GIS、3D 进行数据展示，实现了二维和三维可视化区域的扩大、缩小和移动以及城轨数据动态、实时、联动的展示。

通过对 MLC 大数据的收集，可以得到乘客的出行习惯及出行时间分布的规律、特征。通过对这些海量的大数据进行分析及应用，可以为地铁运营提供决策依据。通过运营调整，可大大提高乘客的出行效率和出行质量。乘客每一次搭乘轨道交通的行为又以数据的形式反馈回 MLC 数据库中，可以提高大数据分析的结果精度，构成大数据应用的一个良性循环。

MLC 大数据平台建立了一套 MLC 数据接入标准规范、元数据标准规范、数据共享标准规范等，以此为依据进行数据接入、处理。并且平台预留了与其他平台对接的方式，如视频监控数据等，为多维度数据分析做好准备。

三、总体设计

1. 系统架构

图 3-60 是宁波轨道交通 MLC 大数据平台采用主流大数据架构，其与传统数据分析系统相比，具有以下特点：①数据采集对现有业务系统影响较小，可实现实时数据同步；②支持分布式数据处理，实现高并发、低延时；③已具有丰富的票务等方面的数据模型，满足业务开展；④支持多种可视化展示方式，直观表现数据结果。

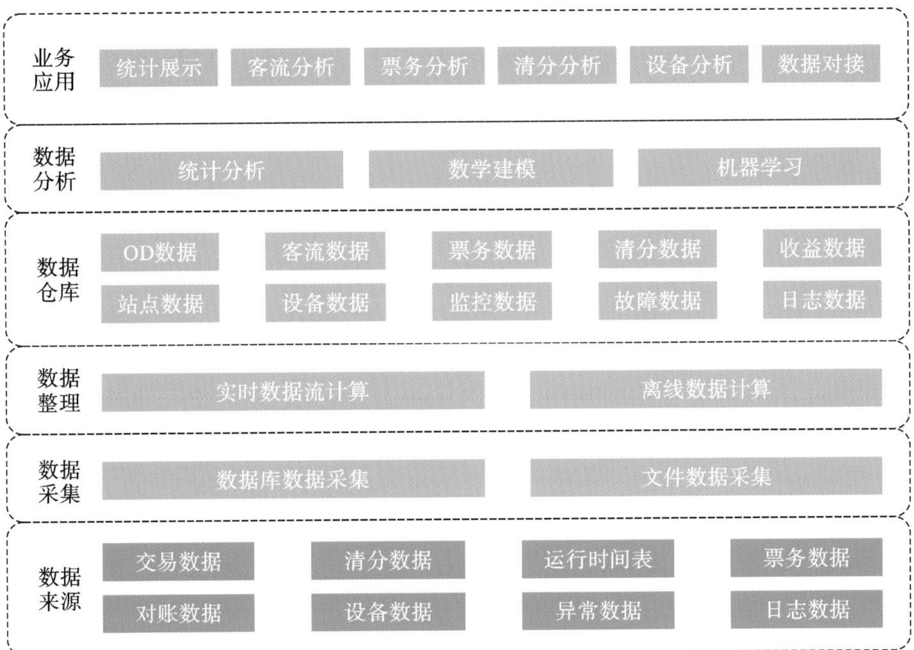

图 3-60　宁波轨道交通 MLC 大数据平台系统架构示意图

（1）数据来源。

大数据分析的数据来源为 MLC 中的交易数据、清分数据、票务数据、对账数据、设备数据、异常数据、日志数据、运行时刻表等业务系统数据。

（2）数据采集。

由于现有数据来源多（内部、外部）、数据分散存储于各业务系统中、数据库各异以及部分数据重复，数据采集通过数据智能管道，将这些数据统一接入数据中台。数据智能管道作为数据库的一个插件，是一个功能强大的数据同步和传输工具。它通过实时数据流计算及离线数据计算的方式实现了不同数据库和文件系统之间的数据传输和 SQL 执行，支持分布式部署、并行运行，是数据应用的极佳助手，也是大数据领域的有力工具。

（3）数据整理。

对采集到的原始数据进行统一化管理，通过预处理整理，统一以利于大数据计算的格式存储，方便查询和进行后续的统计分析。

(4)数据分析。

根据现有业务场景和平台运营业务需要整理模型,开发成相应的分析模型。使用这些模型对数据进行处理后可产生需要的数据结果集,这些数据集可以直接用于前端展示。

(5)业务应用。

通过分析展示平台为运营以及管理者提供可视化的一站式交互式界面,对不同的数据结果采用合适的可视化工具进行展示,更直观、有效地了解分析结果,为运营工作的开展提供数据支持。

2. 系统拓扑

大数据平台部署在运营机房,与其他业务系统处在同一个网络环境中,更有利于使业务数据快速准确地收集到大数据平台中。平台由数据仓库集群、UC_MySQL 集群、大数据应用服务器组成。数据仓库用于业务原始数据、预处理数据存储及数据处理分析等计算任务,并部署有数据管道用于业务系统数据采集。UC_MySQL 集群用于大数据分析结果数据存储和查询。大数据应用服务器用于大数据管理平台和业务系统展示系统部署。其中数据管道软件部署在数据仓库主节点及两台应用服务器中,组成数据管道集群用于数据采集,与业务系统连接。MLC 大数据平台拓扑示意图如图 3-61 所示。

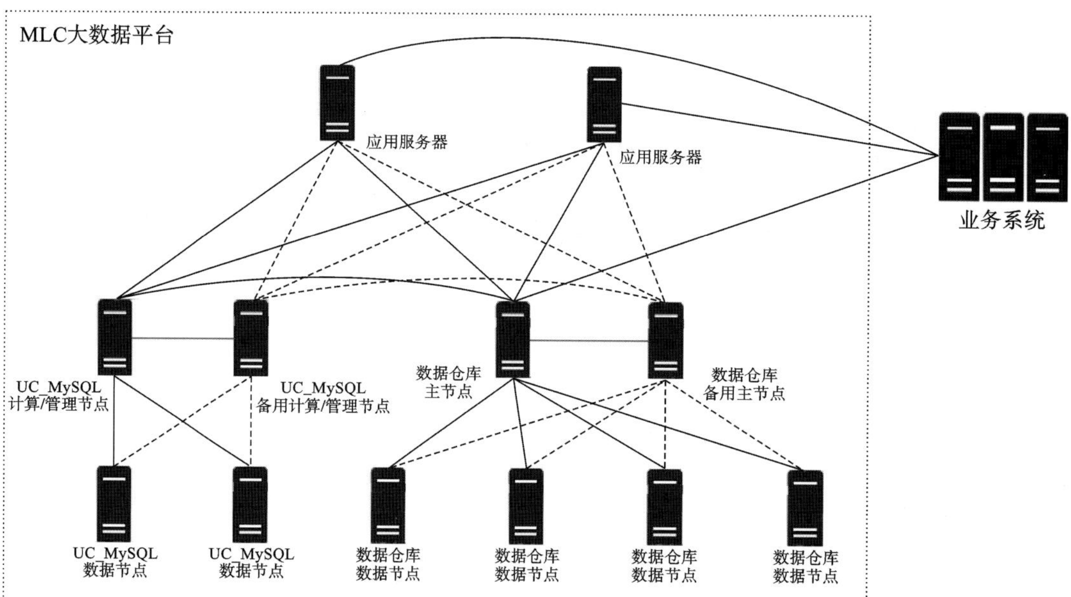

图 3-61　MLC 大数据平台拓扑示意图

3. 系统拓展方案

随着数据量增大或者业务范围扩展,平台的存储和数据处理能力都需要提升。

大数据平台只需要扩充数据仓库的节点服务器即可线性增加存储容量、提高处理性能和加载性能。当节点扩展时,系统保持在线并且完全可用,扩展进程在后台运行。

在数据量达到境界位置前,需要事先制定平台扩容方案,评估扩容可能会出现的影响。在方案中明确扩容时间、扩容方案、物理节点增加量、影响时间、测试方案等,确保在扩容过程中以及扩容完成后不对系统正常运行造成影响。

四、MLC 数据分析系统功能设计

1. 客流实况

客流实况展示当前线网的客流实况，包括线网客流、分票种客流、进站出站客流、断面客流等。客流实况展示页面设计如图 3-62 所示。

图 3-62　客流实况展示示意图

(1)地图。

地图中展示地铁已开通线路及站点，可查看各站点实时、未来 15 分钟、未来 30 分钟、未来 1 小时、当天的客流情况，默认展示实时情况。点击地图中的具体站点，即可查看站点名称和客流量。

(2)线网客运量。

展示线网近 15 分钟内实时客运量、线网出行量、线网换乘量，展示单位为乘次，以数值形式展示。

(3)线网分票种进站客运量。

展示近 15 分钟内各票种的客运量占比，以环形图展示。分为一票通(除单程票外)、市民卡、一卡通(除市民卡外)、二维码、单程票以及其他方式。且可点击“近 15 分钟”按钮刷新数据。

(4)站点单程票售卖数量 TOP5。

展示近 15 分钟内各站点单程票售卖数量排行榜的前 5 名，以列表降序展示，展示内容包括排行、站点(名称)、销售额以及占总售卖量的百分比。排名顺序会以不同颜色进行区分，可点击“近 15 分钟”按钮刷新实时数据。

(5)断面客流 TOP5。

展示近 15 分钟线路断面客流排名的前 5 名,以列表降序展示,展示内容包括排名、截面、上/下行和客流量,可刷新查看近 15 分钟的最新数据。

(6)车站进站客流量。

展示近 15 分钟车站进站客流量前 5 名的站点,以柱状图的形式展示,可刷新查看最新数据。

(7)车站出站客流量。

展示近 15 分钟车站出站客流量前 5 名的站点,以柱状图的形式展示,可刷新查看最新数据。

(8)线网客流量监测。

展示线网各线路客流监测值,以表格形式展示,展示内容包括线路(名称)、今日进站客流量、15 分钟进站客流量及上周同时段的同比、15 分钟内换乘量及上周同时段同比。并以符号表示进站客流量和换乘客流量的增长及下降状态。

(9)全天客流量预测。

展示全天进站客流量及换乘客流量的历史及预测情况,用折线图呈现,其中历史客流量以实线显示,客流量预测值以虚线展示。

2. 趋势分析

趋势分析包括对全市客流的出行频次分析、客流迁移的动向分析及各站点客流特征的分析。

(1)时间范围:全部、早高峰、晚高峰。

(2)工作类型:全部、工作日、非工作日。

(3)时间:起始日期与结束日期。

(4)为用户提供全城数据结果的可视化展示,展现形式包括多种维度。

(5)出行频次:频次按 0～1000、1000～3000、3000 以上(不含 3000)分为三档,呈现全城出行概况。出行频次页面设计如图 3-63 所示。

(6)客流迁移:以动画播放效果,展示全天 24 小时各时段的客流迁移趋势。

(7)客流特征:结合用户特征与站点周边信息,分析得出各个站点的客流特征,通过站点标识大小,展示站点的客流量大小。客流特征包括综合类、居住类、枢纽类、办公类以及“居住＋办公”类、“商业＋办公”类、“居住＋商业”类。客流特征页面设计如图 3-64 所示。

五、案例总结

发展城轨企业的大数据平台,将有利于提升轨道交通出行的质量和效率,提高市民选择搭乘城市轨道出行的概率,提高轨道交通的入座率,一定程度上缓解城市交通的拥挤现象,改善市民的生活环境,也可以利用大数据技术辅助城市轨道企业的管理、运营、客户服务、统计决策等活动,从而全面提高城市轨道企业的管理水平和发展竞争力,促进城市轨道企业更加全面、健康、可持续的发展。轨道交通 MLC 系统大数据平台还有多领域接入的发展空间,宁波轨道交通正处于急速发展热潮,希望高效的信息化运营能够降低轨道交通运营成本、提升运营效率与乘客满意度,为城市管理、企业、乘客带来更高的效益与更多的便利。

图 3-63　出行频次展示示意图

图 3-64　客流特征展示示意图

第四章　未来绿色技术在城市轨道交通工程中的发展

第一节　未来城市轨道交通智慧车站的建设

随着人口城市化的推进，城市交通成为人们出行最严重的问题，而发展城市轨道交通则是解决该问题最环保、最优的方法。2008 年以来，我国城市轨道交通进入高速发展时期。截至 2021 年 12 月 31 日，我国内地累计有 50 个城市开通城市轨道交通运营线路长达 9192.62 km，其中地铁线路长 7253.73 km。然而，目前我国城市轨道交通车站大多数仍然以传统的人工服务为主，致使城市轨道交通行业面临着诸多挑战。

一、城市轨道交通车站现如今的问题

轨道交通车站日常业务主要分为乘客服务、设备管理、人员管理、应急处理四个方面，通过对全国多条地铁线路车站日常运营工作的调研，发现城市轨道交通车站在实际运营过程中普遍存在以下问题。

1. 乘客服务

乘客服务是整个工作的重中之重，其主要存在以下问题：乘客的各种咨询常常需要人工解答，而现场工作人员较少，有些问题还无法及时地给予乘客准确答复；由于通常无法提前预测大客流时间，只能通过车站工作人员的巡视，效率极低且对客流的疏散滞后，高峰期容易导致车站拥堵；乘客进站效率极低，主要体现在安检效率低和进站手段单一，在高峰期需要排很长的队伍等待进站，国内一些发达城市地铁开通了二维码扫码以及人脸识别进站，但一些欠发达城市仍然采用原始的刷卡和购票进站；对于乘客的突发情况，没有较完整的应急预案，应急处理能力较差。

2. 设备管理

目前，城市轨道交通设备管理仍在沿用传统的管理理念与管理模式，以城市轨道交通车站设备的全生命周期为例，可以将其管理过程划分为四个主要阶段：建设期、投产期、使用期、更新期。车站设备从计划更新开始，到完成更新并安全投入使用的这一阶段管理工作称为设备的前期管理工作。在此阶段中，车站中一些大型设备(包括电梯设备、制冷机组等)的购进，仍需要引进进口技术或引进国内高新领域技术才能完成生产制作，这也导致了站内设备在初期管理阶段需要投入大量的资金，且由于生产技术为外部引进，站内设备的后续运营管理与维修保护所需成本也处于居高不下的状态。

当车站设备发生故障问题时，一些构件甚至需要从厂家调派专业维修人员进行现场维修或直接购买故障构件进行替换维修。尽管国内部分中小型构件生产企业也可以为交通车站设备提供故障更新的类似构件，但在后续使用中可能存在性能与质量方面的差异。

目前国内大部分城市轨道交通车站均未能实现将信息化技术与数字化技术引进设备管理工作中，几乎所有的设备操作、控制、管理工作仍在依靠人工完成。但由于站内设备种类较多，管理人员无法在工作中实现对不同设备的精细化管理与操作，只能在设备运行出现故障预警时，才能采取规范化的措施进行设备保修与运维管理，按照此种方式进行设备管理，不仅无法为乘客提供较为良好且适宜的乘坐环境，也会给车站交通安全造成一定的负面影响。

3. 人员管理

城市轨道交通车站工作人员包括站内基础岗位人员、服务人员、车辆维修与安检人员、信号检修人员、供电检修人员、机电维修人员、调度人员、AFC 人员等。由于车站人员复杂且数量较大，因此，对车站人员管理的工作难度较大、任务量较多。

在城市轨道交通车站逐步向智慧型车站转型发展的过程中，负责人与上级领导没有做好服务人员与基础岗位人员工作理念的转型工作，大部分人员仍在按照原定的模式执行工作，导致对车站人员的管理效果一直不理想。

在深入城市轨道交通车站人员管理的工作时发现，大部分车站仍在采用传统的考勤方式进行工作人员的绩效评估，即直接由此名工作岗位的上级领导进行人员绩效考勤，此种考勤方式效率较低。

4. 应急处理

健全城市轨道交通车站应急管理方案，是保障车站稳定、安全、持续运行的关键。根据车站管理需求，车站工作人员应根据车站运营实际情况，采取不同的应急管理方案。但根据健全城市轨道交通车站应急管理工作的实施现状可知，现有应急处理方案存在覆盖面不完善的问题，无法实现对车站多种突发情况的及时预警。在对车站监控进行研究时发现，部分车站内部监控存在死角，且即便是监控覆盖区域，也无法实现实时的站内客流预警。而一旦车站内出现人流过大的现象，不仅用户乘车效率会大幅度降低，还会提升公共安全事件的发生概率，甚至出现踩踏事件等。

同时，现有的监控智能化程度较低，无法自动通过人脸比对或图像匹配进行危险人员的定位与识别。正由于车站应急方案不全面，因此车站发生突发性公共事件时的联合处理能力较差。以某地区车站突发的安全事件为例，该列车在行进过程中，受到暴雨的影响，出现车次晚点的问题，导致车上数千名乘客滞留，未上车乘客无法乘坐车辆。车站管理人员发现了此事件后，启动应急响应方案，与车站售票管理部门、乘务人员进行了沟通，为乘客办理改签与退票业务，尽管该事件最终得以解决，但由于应急响应不及时，仍出现了大规模乘客滞留的问题。而出现此种现象的主要原因是城市轨道交通车站内缺少实时预警机制与完善的应急信息流通渠道，致使应急信息的流通存在延迟，因此车站内部管理人员对于应急事件的处理效率也随之下降。

此外，现有的应急方案与车站内应急处理设备之间无法实现协同作业也是影响车站应急事件处理效率的主要原因之一，一旦在此种条件下发生突发性应急事件，事件会由于信息共享性差、统一性差、对称性差而出现应急突发事件处理灵活度不足的现象。

二、智慧车站的主要内容

智慧车站在建设过程当中，总体的建设方向要以车辆的自动化为基础之一，从而实现车站建筑设备的智慧化管理。同时，要根据地铁的信息化系统来实现人工智能化管理，利用智能化设备来分析数据，以实现为乘客服务的智慧化方式，最终实现建设智慧车站的目标。

1. 智慧化乘客服务

传统的智慧化服务为智能 App、公众号等，可以利用这些软件的推广，使地铁的受众面更为广泛，推送地铁时刻信息表、地铁的宣传活动、地铁的广告以及地铁的满意度问卷等。在增加更多的地铁信息交互广告屏幕时，可以增加向乘客提供智能查询的功能，如通过触摸屏设备实现乘客与智能设备的互动，为乘客提供精准的时刻信息表以及更多的数据信息。很多地铁公司都启用了智能机器人，乘客通过智能机器人的语音交互功能，可以简单地询问地铁相关信息，同时还可以利用红外测温功能，来帮助公共场所进行适时的消毒消杀工作，在必要时可以代替人工来完成危险工作。

2. 智慧化管理设备

地铁的智慧化管理由以下集中设备管理组成。首先是增加了开关站的自动开关功能，通过该设备来对车站进行开启与关闭，该系统可以降低人工操作成本、减少控制时间。其次，对车站内部的智能环境进行一系列的控制。最后，对车站内部所使用的能源进行统一管理，科学合理地利用车站能源。

3. 智慧化管理人员

智慧地铁站在投入使用时，每千米的地铁运营人数在十人左右。因此，在地铁运行的过程中，要充分提升工作人员的管理水平，利用当代智慧化的手段来管理地铁的运行工作。

三、智慧车站应用现状以及前景

1. 智慧车站的应用现状

智能机器人在全国大多数城市已经投入应用，尤其是在一些发达城市如宁波、上海、广州等应用较多。智能客服中心已在西安地铁、广州地铁、青岛地铁等城市地铁投入使用，广州地铁、上海地铁、北京地铁等各大城市地铁都逐渐开始使用人脸识别闸机，在提高过闸效率的同时还能监控逃票、漏票等不良行为。除了广州、北京和上海等地，哈尔滨也采用了一体化安检机来提高大客流时进站效率，其中哈尔滨地铁 2 号线省政府站“智慧车站”项目被列为全国“智慧车站”标杆试点项目。哈尔滨智慧地铁通过智慧服务、智能站内管控等技术手段，旨在提高站内服务水平的同时有效配置站务人力资源，以典型岛式车站为例，站务人员可由 24 人核减为 15 人，单个车站站务人员人数预计可减少 30%及以上。

2. 智慧车站的前景

在国家战略层面的引导下，智慧车站必将成为城市轨道交通行业未来创新突破和蓬勃发展的主要方向。尤为重要的是，智慧车站的开发、建设对资源配置、经济发展的导向作用，以及随之而来的对智慧城市发展生态的全新构建与解读，也正引起行业的思考与共鸣。

综上所述，城市交通轨道车站的智慧化发展已经成为趋势所向。在信息化时代，只有充分利用智慧化发展，并将其融入各个行业当中，才可以更好地服务于民众。智慧化电车的发展，不仅可以提升社会发展空间的利用度，同时还可利用城市发展的差异性，形成建设差异化的智慧化车站，如科学合理地利用属地资源来设计、建设智慧化车站，为受众提供更高质量的服务。

第二节　未来城市轨道交通智慧车站的关键技术

物联网、大数据、云计算、人工智能、北斗、5G 等为代表的新一代智能技术的产生与发展，正推动人类社会向智慧时代迈进。在此环境下，作为“新基建”重点建设领域之一、城市交通大动脉的轨道交通，将新一代智慧技术引入地铁，构建运营新模式，打造更加安全可靠、便捷舒适、经济高效、绿色节能的地铁系统已成为发展共识，智慧车站应运而生。

一、目前城市轨道交通车站的发展方向及业务需求

1. 发展方向

城市轨道交通作为满足城市居民公共出行的重要手段，近年来飞速发展，逐渐趋于网络化、智能化发展。

(1)运营安全。

地铁是由人员、设备、管理和环境组成的一个复合的、多层次的运营安全系统，超大客运量常态化在不断考验车站总体的安全治理能力。需要考虑如何升级车站的数字化体系，实现客流态势分析及客流预测，为态势监控、客流预警、应急调度指挥等业务应用提供支持，保障运营秩序及乘客安全。

(2)乘客服务。

在城市化加速、客运压力加大的时代，城市居民不断追求更安全、更便捷、更智慧的交通出行方式，以及个性化服务和多元化乘车体验。通过智能语音查询终端提高乘客出行体验，并延伸各类智能客服、室内导航、精准推荐等创新性的服务与体验。

(3)运维保障。

随着城市轨道交通的飞速发展和客流量的增加，出现了设备运行强度大、维保人员工作量增加、夜间维护窗口时间较短等问题，对当前的运营设备维保工作提出了更高的要求与挑战。由于其超大规模扩大、车辆数量激增、运营时间延长、运维压力增大等因素，大量线路长期高负荷运行，迫切需要通过新的技术手段，提升运营管理的水平，提高运营可用度。

2. 业务需求

(1)全维可视的需求。

通过“BIM+GIS”的数据集成，实现 BIM 模型的精细化建模与周边环境信息模型的有机融合，实现站内、站外环境的全维可视。

(2)全息感知的需求。

全息感知即状态实时感知，如对各专业设备设施运行状态的监控、应急事件的发现等方面，以实现车站感知数据的继承与分析。

(3)全景管控的需求。

全景管控的需求包括客流管控、智能交互终端管控、可视化监控、综合看板、资产全周期管控、设备智能化、智能节能管控、设备控制、应急指挥等，解决人工管控压力大、效率低等问题。

二、智慧车站总体架构

以某市地铁1号线样板站A为示范研究应用车站，以地铁车站的“全维可视、全息感知、全景管控”为工作目标，打造出基于BIM、GIS、物联网、大数据、云计算、人工智能的智慧地铁综合运管平台。针对当前智慧地铁的建设需求，形成一套BIM模型建设、运行数据智能采集的技术方案和使用工具，搭建基于BIM的综合运管平台，实现车站的自动运行、智能诊断和自主服务。继而在后续城市轨道交通线进行推广应用，其总体架构如图4-1所示。

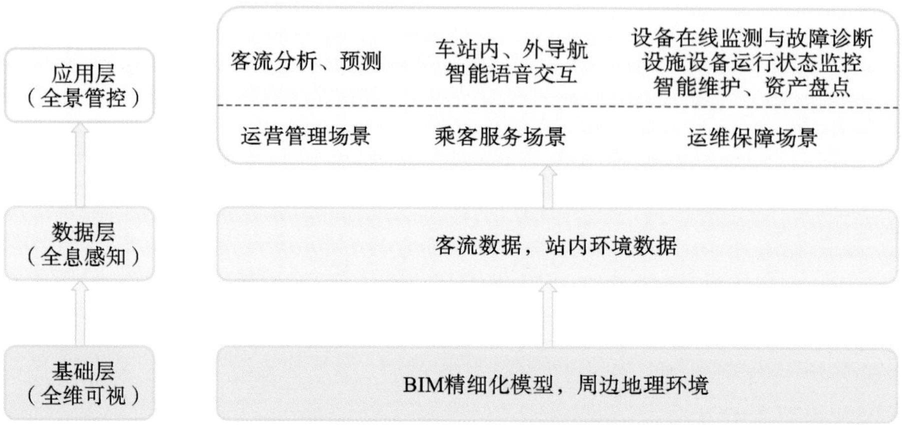

图4-1　智慧车站总体架构图

三、智慧车站关键技术研究应用

借助BIM数字化技术，综合先进的自动化控制技术、智能化分析技术和系统集成技术，改造并提升传统车站监控系统的技术能级，激活更多的地铁信息数据连接能力，提升智能地铁数据分析与决策能力、车站设备管理能力和车站人员管理能力，实现车站运营管理模式的变革，摆脱传统管理模式的束缚，提升车站运营管理水平。

1. 全维可视

全维可视，实现车站内外全维度的实景可视化，包括车站内部的设施设备、车站内部的建筑空间、地面四小件以及周边的地理环境。通过竣工图纸、现场扫描测量、实景拍摄等多种手段搭建车站内外的BIM模型，关联其对应的属性信息、文档资料，为站内外导航、可视化管理提供基础数据。

(1)智慧车站BIM模型细度标准研究。

智慧车站设施设备的资产管理和运维保障管理对信息模型的细度具有不同的要求，需要针对实际管理需求对信息模型的细度标准进行研究，信息模型细度包括几何表达精度和信息深度两个方面。

(2)智慧车站及周边地理环境信息模型构建技术研究。

智慧车站需要构建的信息模型包括车站站内全专业的设施设备、地面四小件(出入口、冷却塔、风亭、垂直电梯)、周边地理环境(建(构)筑物、交通接驳、商业商铺等)，根据模型细度要求研究采用的建模资料(竣工图纸、现场扫描测量、实景拍摄等)、建模方法、建模软件。

(3)智慧车站基于 BIM 的可视化空间管理技术研究。

智慧车站的空间管理(设备房间、管理房间、公共区域、商铺、地上公交站、商业大厦等)满足站内定位导航、站外定位导航,需要研究 BIM 模型中表达与管理空间信息的方式。

2. 全息感知

全息感知,实现车站人员、设备、环境、业务管理等动态数据的智能采集、BIM 三维数字模型的可视化集成、智能分析,构建实体车站的数字孪生。

(1)智慧车站感知数据分类研究。

研究智慧车站需要智能感知的数据种类,包括但不限于机电、供电、通信等专业设备的实时运行数据,运维保障人员作业数据,车站的风水电能耗数据、车站环境数据等。

(2)智慧车站感知数据采集方法研究。

针对不同种类的数据制定采集频率、采集方法、接口规格、信息安全保障措施,采集方法包括但不限于智能移动终端、布设物联网传感器、生产控制系统接入等。

3. 全景管控

全景管控,基于 BIM 的可视化空间管理、设备在线监测、节能分析、智能盘点、人员定位、智能导航等技术实现车站级全景管控,包括智能交互终端、可视化监控、综合看板、资产全周期、设备智能化、智能节能等多维度的管控。

(1)基于 BIM 的设备在线监测与故障诊断技术研究。

研究基于设备运行数据关联 BIM 模型单元技术,结合监测指标阈值判定技术,实现可视化监控、故障提醒、可视化定位。通过单击故障信息,定位到三维模型中,由对应的设备模型闪烁进行预警。

(2)基于 BIM 的可视化节能分析技术研究。

研究车站能耗数据关联 BIM 模型单元技术,采用 BIM 热力图进行能耗大数据分析,辅助制定能耗策略。

(3)基于 BIM 的人员作业精细化管控技术研究。

研究基于 BIM 空间的高精度人员定位技术、移动智能巡检技术、视频监控集成技术,在 BIM 空间中进行维保人员维保路线、作业位置、作业画面的实时监控与轨迹回放,实现维保作业的智能化管理。

(4)基于 BIM 的数字资产盘点技术研究。

研究在 BIM 场景中结合设备定位技术,在 BIM 场景中真实反映车站资产位置,实现在智能终端进行虚拟盘点,在交付实体地铁的同时,再交付一套数字化地铁。

(5)基于 BIM 的智能导航服务技术研究。

研究智能语音终端,基于车站内外 BIM 场景的三维空间表达,实现车站站内人性化设施(电扶梯、出入口、卫生间、母婴室等)以及车站站外周边环境的语音查询与导航,提供清晰的导航路线。

四、展望

智慧地铁是地铁发展的新方向,也是一种必然趋势。BIM 技术的应用,是实现智慧地铁的一条路径，依托交通接驳系统，可统筹规划好轨道交通车站及出入口周边的多种交通系统，做到同步设计、同步建设、同步使用。相信在不久的将来，通过对 BIM 技术与大数据、5G、北斗、人工智能、云计算、物联网进行有机的融合，可以实现车站的全息感知、全景管控、智能分析、动态处置、主动进化，打造一个具有未来感的自主服务、自动化运行的无人值守智慧车站，从而打造新一代的智慧地铁，智慧地铁必将蓬勃发展。

第三节　未来城市轨道交通以新能源为主体的新型电力系统

习近平主席向世界各国庄严地承诺了中国的"双碳"目标。为了实现这个目标，迫切需要构建以新能源为主体的新型电力系统。

我国 2030 年风光装机预计达到 18 亿千瓦以上，发电量占比约 25%；2060 年风光装机预计达到 60 亿千瓦以上，发电量占比约 75%。随着新能源渗透率的逐年提高，新能源出力与负荷需求叠加后的净负荷波动峰谷差会逐年增大，而新能源能够参与电力实时平衡的转动惯性小、抗扰动能力低、低高电压穿越能力弱，加之电力系统需要调峰调频的灵活调节资源稀缺等，新型电力系统需要从多角度出发进行体系构建。

新型电力系统内核是"源网荷储"的智能化集成。"源"指提供能源的"煤电油气"、园区工厂"余热余压尾气废水"及地源热等。由于新能源发电随机性太强，需要多源互补，风电、光伏与水电、火电、核电打捆互补使用，推动清洁能源发电替代煤电。"网"指气网、热力网、电网、电动车联网，多网互通，夜间风电电网消纳不动可以直接驱动地源热进入热力网，气网的气通过燃气轮机进行冷热电三联供，进入热网与电网。"荷"指用煤、用电、用油、用气，多荷互代，逐渐推动以电代煤、以电代油、以电代气。"储"指储热、储冷、储气、储氢、储电，多储互济，中午光伏发电电网消纳不动可以直接给电动汽车充电，夜间风电可以直接给电锅炉蓄热。为了提升"源网荷储"智能化集成，需要灵活调节资源，如抽蓄、电化学储能、调峰气电、煤电灵活性改造(深度调峰及快速启停)、需求侧响应、电动车充放电等。"源网荷储"四个环节耦合在一起，需要智能化集成，以实现协同规划、精准投资与经济运行。

新型电力系统外延是具有平台与枢纽特征的能源互联网。随着分布式电源比重的不断增加，随机性波动可控性逐渐下降。电动汽车和储能系统的大量加入，导致需求侧也产生了新的波动。可见，以新能源为主体的新型电力系统海量多元、动态时空波动的大数据，需要 5G、移动互联网、物联网、大数据、云计算、人工智能等技术进行支撑，以实现智慧调度和交易，提高新能源与负荷的"可观、可测、可控"性。"源网荷储"协调控制需要构建上中下游一体化多主体组织网络，促进能源企业合力打造集供电、供气、供暖、供冷、供氢等为一体的能源综合服务；促进省间、区域间"风光水火核"打捆互补输送的跨省跨区互联电网，有力支撑清洁能源区域间高效配置。

新型电力系统需要突破"冷热电气"各自生产的物理界限。传统的能源电、水、燃气等供应基本被"区域化垄断"，在固定的价格与固定的市场下，缺乏压力与积极性去"互通有无，优势互补"，因此很难真正构建综合能源服务体系。以新能源为主体的新型电力系统需要打破能源生产和消费界限，需要弱化各种能源业务领域的界限，传统的单一能源供应模式需要转向多能源协同供应模式，这样才可以提高综合用能效率。可见，需要融合规划新建的园区、机场、火车站、医院、校园等场所，以及电力、燃气、热力、供冷、供水管廊等基础设施，需要打通冷、热、电、气多种能源系统间的技术壁垒，如电力企业在配电园区正在试点的“光伏电站＋风电站＋变电站＋5G基站＋储冷/储热/储氢/储电站＋充电站＋数据中心站”多站合一就是一种突破。

新型电力系统需要各类新基建与新能源开发消纳技术的集成。2020年4月，国务院常务会议确立了7大项新基建，包括5G基站建设、特高压、城际高速铁路和城市轨道交通、新能源汽车充电桩、大数据中心、人工智能、工业互联网；除了城际高速铁路和城市轨道交通作为新型电力系统使用者，剩余6项均为新型电力系统涉及的技术。6项技术需要融入新型电力系统基础建设“源网荷储控”中，如智能发电环节（源）涉及的高比例新能源智能灵活、友好并网、高效环保技术；调峰电源涉及的灵活机动、深度调峰、快速启停技术等。智能电网环节（网）涉及的高弹性电网技术；交直流远距离输电、区域互联、主网与微网互动技术；多网协同、多能转换、灾害防御、智能决策的调度技术；交直流混联大电网、微电网、微能网、热网、气网、车联网互通技术；一次物理系统、二次控制系统、交易系统、调度系统、信息系统融合技术等。智能用电环节（荷）涉及的高度电气化技术、负荷多元互动技术等。储能环节（储）涉及的抽水蓄能、压缩空气储能、储氢、储热等跨季节长时间尺度储能技术；电池储能、飞轮储能、小型空气储能等短时间尺度储能技术等。电力数字化（控）涉及的高端芯片、智能传感、边缘计算、区块链和人工智能算法技术等。

第四节　未来城市轨道交通基于物联网-5G技术的安全行车模式

信息技术的发展、5G技术及卫星定位技术的应用极大地拓展了物联网的应用范围。当前，城市轨道交通运营模式与信息技术发展息息相关，信息技术能够为城市轨道交通“站—车一体化”运营提供有力的基础保障。应用新技术不仅可以解决当前城市轨道交通运营过程中存在的现实问题，还可以促进运营模式的融合与发展。

同时，新技术应用依然存在安全风险，交通运输部印发的《关于“1·22”上海地铁乘客伤亡等事故事件的警示通报》（以下简称《通报》）中指出，对于开通运营的全自动运行线路，各地交通运输部门要督促运营单位对各类运营场景的系统联动、人员操作等底层逻辑和应对流程进行全面复盘、全面审视，加强人员培训和演练；初期运营期间应配备具有驾驶技能的人员值守列车，全程监视列车运行状态，一旦发生列车故障或异常情况，按规则及时处置。由此可见，人员是把守安全的最后一道关卡，但由于人的生理、心理特性，往往更容易因人为因素引发安全事故。

目前，我国的城市轨道交通事故风险评估仍侧重于设备故障、人员伤害和车辆伤害等，因此需要从技术、管理等角度约束人的行为。本书以当前行车模式中存在的各类隐患作为研究对象，应用物联网-5G技术构建平台提供解决方案，确保行车环境在新技术条件下更加安全、稳定。

一、现行运营管理模式

现行的行车管理模式为行车调度员在制定车辆配备计划和应用列车运行图的基础上，执行日常的行车调度指挥工作。车站综控员根据行车技术规程、行车工作细则等有关规定协助行车调度员完成行车作业。列车乘务员依据列车运行计划的要求，根据行车调度员的指示、命令完成列车驾驶，并使列车在各车站完成乘客乘降作业。新技术装备在列车中的应用提高了车辆的自动化程度，列车乘务员由传统的双人作业转变为单人作业，原有的双人呼唤应答制度改为单人确认制度，降低了安全可靠性。当运营线路发生特殊事件时，行车调度员有时会将控制权下放至车站综控室，此举会增加综控员在无监视条件下的作业风险，如果此时需要开展道岔搬动作业，综控员也无法执行双人监护制度，进一步增加了行车风险。

二、行车安全保障措施

行车安全保障可从设备措施、人工措施、管理措施 3 个方面进行。

1. 设备措施

行车控制系统利用基于通信的列车自动控制（CBTC）通信技术实现“车—地通信”的同时还可实时传递列车定位信息，实现列车与车站或控制中心之间的信息交换，通过确定的列车位置控制列车速度，从而保障行车安全。此时行车安全保护措施高度依靠设备可靠性，单司机驾乘列车根据信号提示完成速度控制、列车监护等作业，行车调度员、综控员依靠综合监控系统完成行车监控作业。

2. 人工措施

城市轨道交通行车工作可溯源至铁路行车作业，第一代北京市轨道交通运营人员主要由铁路专业人员组成，因此在某些相通作业领域做法相同，例如行车调度、车站综控员、乘务员均分别在作业时执行呼唤应答制度。通过操作人员“一看、二指、三呼唤、得到应答再操作”，监护人员“一听、二看、三复诵、发现错误即纠正”的作业流程，确保准确使用控制台上的各种按钮、正确开展行车作业。但随着新技术的不断应用、设备自动化程度的提高，运营模式朝着自动化方向发展，列车乘务员也由双人值乘转变为单人值乘，呼唤应答制度改为单人确认制度。

3. 管理措施

城市轨道交通行车组织工作由行车调度员、列车乘务员完成，实行“行车调度员—司机”2 级管理，车站综控员辅助行车工作。每个调度区由该区值班行车调度员统一指挥，车站由本站当班综控员统一指挥，列车由本列车当班值乘司机负责指挥。三方按照不同模式下的管理要求进行配合，完成行车工作。

三、行车作业隐患

1. 设备隐患

城市轨道交通信号系统是一个庞大复杂且具有高技术含量的自动化行车指挥系统，其中任何设备或环节发生故障，都会对运营产生影响。系统故障时须通过降级处理确保线路维持运营。其中，CBTC 系统的后备模式为站间闭塞，如果后备模式仍不能满足安全条件将降级到电话闭塞。电话闭塞为纯人工行车模式，行车调度员退出行车指挥系统，列车乘务员依靠车站综控员指令完成行车作业，列车失去设备保护措施。

2. 人工隐患

随着技术的进步，作业现场朝着少人化发展，这使得行车过程中作业人员无法实行"一人操作一人监护"的监护制度，行车的安全性依靠作业人员的责任心及专业化水平。林晓飞等从单独驾驶员、多人共事的驾驶员和行人等 6 个方面总结安全氛围与安全行为之间的影响关系，表明安全行为需要得到矫正。

3. 管理隐患

当前行车作业的安全管理主要依靠各专业内部的预防机制，依赖双人作业时的"操作-监护"制度，但由于现在很多车站实行单人值乘驾驶作业、处置突发事件时单人操作进路等制度，往往在需要执行安全措施时无监护人员，这极大地增加了风险发生的概率，是一种制度隐患。此外，当前行车计划的制定取决于客流量的大小，增开临客等行车措施是根据车站大客流情况制定的，而请求增开临客的申请依靠现场作业人员的经验，这就存在超前申请浪费运力或是滞后申请造成车站客流密度剧增的风险。

四、物联网"站—车一体化"技术条件

物联网是一个基于互联网、传统电信网等信息载体，让所有能够被独立寻址的普通物理对象实现互联互通的网络。在物联网中，所有人或物可通过信息传感设备与互联网进行连接，物理实体间通过物联网进行信息交换，以实现应用层的智能化识别和管理。

1. 物联网结构

物联网按网络结构从下到上可分为感知层、网络层、处理层、应用层。城市轨道交通物联网感知层设备为"车—地通信"设备；网络层包括列车自动监控网、控制中心局域网等；处理层为各系统终端的计算模块，可生成一系列运营报告；应用层为具有使用权限的用户，可对授权范围内的应用层设备数据（工作站数据）进行读取。

2. 物联网与 5G 应用融合

基于蜂窝网络的窄带物联网技术（NB-IoT）是支持物联网设备在广域网的蜂窝数据连接，可直接部署于 LTE 网络，它的特点是覆盖广、功耗低、成本低、连接广。基于 NB-IoT 技术的应答器，在数据传输方面不需要任何中介环节，数据可从应答器直达数据平台，而数据处理工作由后台服务器完成，物联网-5G 通信模式如图 4-2 所示。

由图 4-2 可知，传统"站—车通信"模式下感知层收集数据后，经过计算生成的数据呈现在单一系统终端，不能实现需求者实时共享。应用物联网-5G 平台的综合系统可以将各系统数据相关联，不仅为决策者更可以为操作者提供实时数据，用于检验现场操作效果。

五、基于物联网-5G 技术的人工智能作业终端设计

人工智能物联网（AIoT）＝人工智能（AI）＋物联网（IoT），AIoT 融合 AI 技术和 IoT 技术，通过将物联网产生、收集的海量数据储存于云端，再通过大数据分析及更高形式的人工智能，实现万物数据化、万物智能化。5G 技术可以实现信息的高速交换，实现操作、监护的实时性。

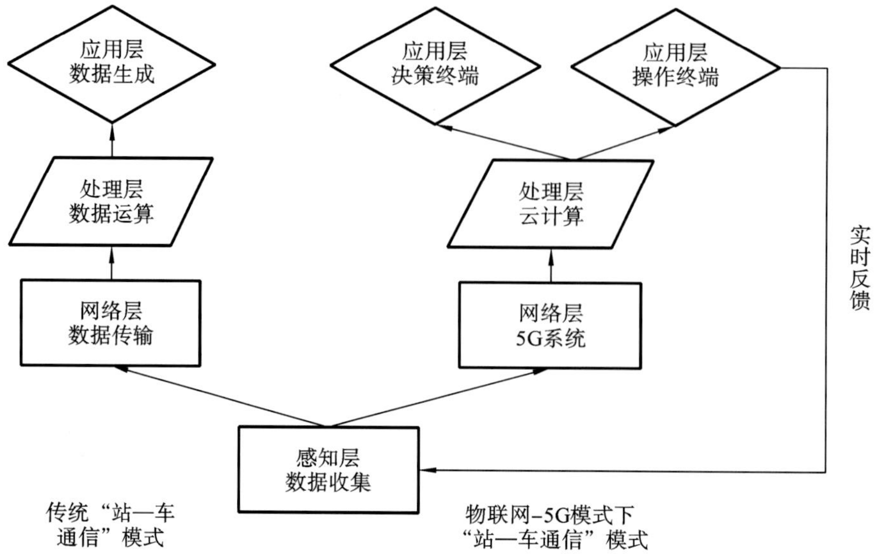

图 4-2　物联网-5G 通信模式

1. 操作人员防疲劳系统设计

人体疲劳与工作时长、工作环境、工作时间段等因素有关，以北京市轨道交通昌平线为例，每日清晨 5 点轨道车下线，5:20 首班车开始全天运营，直至次日 00:22 最后一班车回段整备，而停运时段又是开行施工列车、段场调车作业的时间。换言之，在实际生产过程中，城市轨道交通车辆一直处在运行状态，而作为终端操作人员（行车调度员、乘务员、车站综控员）需要全程实施操作及对行车情况进行实时监控，超长的工作时长容易导致操作人员疲劳，从而发生安全事故。在行车作业过程中，可以借助人脸识别技术收集列车乘务员或车站综控员面部信息，通过车载边缘计算设备收集终端信息防止作业人员走神、打瞌睡等情况。此功能如同当前汽车驾驶员广泛使用的导航 App 中的疲劳提醒功能，但导航 App 中的疲劳提醒功能大多是通过驾驶时长和驾驶历程来提示疲劳，并非根据驾驶员实时开车状况进行判定。基于 AIoT 的操作员监控系统可以在列车乘务员驾驶过程中、行车调度员和车站综控员监控列车运行时实时监测其身体状态，并根据获取的监测数据及时、快速地进行计算和应对异常情况。基于 AIoT 的操作员监控系统由感知层收集人脸信息，然后通过网络传输与云端储存的数据库内容进行比对，根据比对结果对存在异常情况的操作人员状态发出警报提示，必要时可以触发决策端信号，通过人工呼叫等措施对异常状态人员进行干预。

2. 行车作业人员呼唤应答系统设计

早期城市轨道交通行车作业中的列车乘务员、车站综控员、行车调度员均是双人作业，采取“一人操作一人监护”的模式，但随着技术的进步，越来越多的城市轨道交通线路开始在列车驾驶中采取单司机值乘方式，有些运营线路开始在非道岔集中站试行综控室单人值守模式，依照事故多米诺理论，行车系统的安全性大大降低。基于 AIoT 的“调-乘-综”系统，可以使用物联网-5G 技术在三者之间构建互控应答机制，由主办方向协办方发出呼唤请求，协办方对呼唤内容做出应答，第三方作为监控方对呼唤应答内容予以监控。此方法可以应用在城市轨道交通作业人员无法执行呼唤应答制度时，对单人作业起到防护作用。常见的应用场景有以下 2 种。

(1)当乘务员驾驶列车在电话闭塞模式下无“车—地信号”保护时，在发车时可以使用语音或视频模式与车站综控室实时通话确认发车条件，减少了车站综控员与乘务员交接纸质命令的环节，可以提高运行效率，同时作为行车调度员可以对该作业进行监控，发现异常情况时及时呼叫停止作业。

(2)在特殊天气或某些情况下，正线停运后需要在运营线分区段开行轨道车进行施工作业，但其他非封闭区间需要人工在线作业，这就造成了“人—车共线”的现象，如果车站综控员在核对正线作业或者办理封闭区间时出现问题，就可能会发生侵入限界的事件，严重的可能造成人员伤亡、财产损失。针对这种情况，可以由施工列车乘务员与行车调度员确认行车区间，相邻站车站综控员进行监控。

3.“站—车一体化”大客流预警系统设计

城市轨道交通列车满载率由列车空气簧承重换算后得出，此数据呈现在列车终端。同时在车站综控室的综合监控系统可以实时监测车站乘客进出站客流量，通过时间粒度估算得到站厅、站台客流密度，但这二者之间尚未建立连接。当前城市轨道交通大客流管理主要依靠现场人员的经验进行调配，存在过分超前和滞后实施的可能性，在列车满载率与车站客流密度通过物联网系统连接后，可以根据设定的阈值对客流进行动态管控。车站可以根据预警值决定客运组织策略，行车调度指挥中心可以根据实时数据决定是否加开临客，这套系统可以使大客流启动时机由经验化向科学化转变。

4.车辆智能抢险运维系统设计

当列车在运营线路上发生故障时，单司机模式下的故障处理使得列车乘务员只能依靠个人能力，无法得到专业技术人员的支持。这时可以应用智能运维系统，车辆通过“车—地网络”向车辆基地发送故障代码，运维人员在收到故障报警后，协助乘务员处置故障，当应急故障操作存在人为错误时，运维终端可以显示乘务员的操作步骤，运维人员通过终端对操作步骤进行提示和监控，当列车返回车辆段后，运维人员可以根据实时数据对故障点进行排除。

总之，应用物联网-5G 技术的硬件条件已经成熟，国内很多公司已经在其他领域有了成熟的应用案例。当前缺少的是将硬件设施与运营需求相关联，让技术服务于需求，让需求得以实现。作为城市轨道交通运营企业，要加快将新技术融入现场运营中，以达到提高运营效率、降低安全隐患的目的。

第五节　未来城市轨道交通信号系统新技术的发展与应用

在城市轨道交通的发展中，交通信号系统是城市轨道交通发展非常关键的部分，是城市轨道交通安全有序运行的保障。在计算机通信技术发展的前提下，自动化、智能化成为城市轨道交通未来发展的趋势，而且这些新技术的广泛应用能够大大提升城市轨道交通运行的效率，降低运行维护的成本，有效改善传统轨道交通的运行状况，保证城市轨道交通信号系统运行的可靠性，为未来城市轨道交通信号系统的智慧化发展奠定基础。

一、城市轨道交通信号系统应用现状

安全有序是城市交通稳定运行的关键，轨道交通信号系统能够对城市轨道的有序运行起着良好的保障作用，对城市轨道交通的有序发展做出合理的安排。例如，轨道交通信号新系统能够有效提升列车运行的效率、保证列车运行的安全，在列车运行的过程中，能够对列车运行的时间以及线路等情况进行实时的采集和监控，对采集的信息通过计算机系统进行有效的分析并对其合理控制。

城市轨道交通信号系统是非常典型的软硬件结合的电子技术系统。城市轨道交通信号系统最根本的发展目标就是对当前城市拥挤的交通状况进行合理的控制调度，对轨道交通行车可能产生的运行冲突以及潜在的风险进行有效的分析改善。

城市轨道交通信号系统是对城市交通情况进行优化调度的系统。在列车运行的过程中，信号系统能够对列车运行的各方面信息进行实时监控，并按照合理的调度计划对列车的运行进行正确的引导，掌握列车司机的行车决策。在城市轨道交通技术不断发展进步的推动下，轨道交通信号系统也得到了一定程度的完善，在集中式控制的基础上向着分散式控制以及自动驾驶方向不断转变。

在城市轨道交通当前的发展中，轨道交通提速是当前发展的主要战略。在保证运行安全的前提下，在提升列车的运行速度、运行密度以及运行效率等方面不断做出努力。所以，为了保证轨道交通运行的效率以及运行安全性，要加强对轨道交通信号控制可靠性的提升。

二、轨道交通信号系统的功能

在近些年的发展中，城市轨道交通信号系统的安全运行、运营管理以及节能减排等方面都有着不同程度的提升。一方面加强信号控制系统控制中心以及联锁系统相应技术以及设备的完善，另一方面大力促进信号传输途径的多元化。通过多方面的协调配合，为城市轨道安全稳定运行奠定基础。城市轨道交通信号系统在实际运行中有着不同的功能。

1. 安全保障功能

轨道交通信号系统能够对列车安全运行以及乘客的安全提供一定的保障。在实际运行过程中，轨道交通信号系统能够为司机提供准确的指引信号，准确地对其进行道岔导向的控制，保证列车运行能够更加合理有效，提升其运行效率，避免发生事故。此外，轨道交通信号系统能够为列车提供持续的速度保护，能够有效避免列车在运行过程中出现行车冲突的问题。在当下的发展中，列车运行期间的开关门操作都是自动控制的，交通信号系统能够通过对数据信息的分析，合理地控制列车运行的速度，为乘客的安全提供有效的保障。

2. 运输效能保障功能

城市轨道交通的运行虽然是为了给人们提供便利，改善城市交通拥挤的状况，但是在保证城市轨道交通安全平稳的前提下，还要考虑其经济效益。轨道交通信号系统的运用一方面能够有效提升列车的运行速度，保证在同样的时间内，增加列车运行的密度，在一定程度上提升列车运行的效率，提高经济效益；另一方面，轨道交通运输在发展的过程中，大致经历了从半自动站间闭塞到站间自动闭塞、固定闭塞的时期，再发展到准移动闭塞和移动闭塞的阶段。闭塞运输的发展大大缩短了轨道交通列车运行的时间间隔，提升了列车运行的密度，有效提高轨道交通运输的效率，同样在一定程度上提高了列车运行的经济效益，促进城市轨道交通运输的发展。

3. 运输管理服务功能

随着城市轨道交通系统的复杂化，交通信号网络系统结构的组成也越来越复杂。通过众多的电力电子设备以及传感器系统对轨道交通运行的各方面信息进行采集分析，运行管理人员能够根据采集的实时信息，对列车的运行情况进行合理的规划，并根据实际的运行情况制定更为合理的计划安排，从而提升列车运行的效率、节约运行的成本。在近些年的发展中，由于智能化技术的广泛应用，自动驾驶等技术的出现使得轨道交通运输管理的水平不断提升。

4. 节能环保功能

当前是绿色环保的发展时代，节能减排是当前社会发展的主流。城市轨道交通信号系统的有效应用，能够通过对列车运行线路进行合理的安排以及对列车运行速度的合理控制，有效降低轨道交通运行中的能源消耗，一定程度上保障列车的安全运行。

三、城市轨道交通信号系统新技术的发展趋势

1. 交通信号网络结构的泛在化

城市轨道交通的网络结构会随着城市的发展越来越复杂，交通信号系统同样也会向着多元化方向发展，在交通信号发展多元化的过程中，列车不仅仅可以向控制中心实时反馈运行的数据信息，各列车之间也可以互相传输数据，增加交通信号系统的通信链路以及安全信息的冗余度，以实现列车运行信息的闭环控制，保证列车的有序运行，提升运行效率。在交通信号网络结构泛在化的过程中，各种数据传输技术以及通信技术不断发展，对于不同的运行条件，在轨道交通中也有着不同的应用，在表 4-1 中列出了不同技术的应用特性。

表 4-1　不同通信技术的特性对比

指标	GSM-R	LTE-R	5G
宽带	小区宽带不超过 1 Mbit/s	下行达到 100 Mbit/s，上行达到 50 Mbit/s	下行达到 1 Gbit/s，上行达到 100 Mbit/s
传输形式	电路域，不适应数据传输业务	分组域，适应数据业务传输	全联通网络，万物互联
网络架构	三层架构，信令交互时延大	两层架构＋射频拉远，优化信令传输	SDN 蜂窝基站

此外，在信号网络结构泛在化的过程中还要注意以下几点。

(1)提升通信网络的可靠性。

在城市轨道交通信号系统的发展中，在网络结构不断复杂化的前提下，数据信息传输的可靠性是非常重要的。新型通信技术的应用，要充分了解通信技术的特点，建立独有的通信设备，从而提升轨道交通运输信号系统的可靠性。

(2)有效降低信号通信信息的交互延时。

在当前城市轨道交通信号系统的发展中，《城市轨道交通 CBTC 信号系统—ATP 子系统规范》(CZJS/T 0028—2015)对城市轨道交通信号系统有着详细的要求。当前城市轨道交通信号运输的发展要求信号传输的延迟要保证在 150 ms 以内。在当前的信号传输技术中，

LTE通信技术能够大大缩减交通信号的传输延迟，但5G技术可将轨道交通信号传输的延迟控制在1 ms以内，能够有效提升城市轨道交通信号系统的可靠性，为轨道交通运行的安全性提供保障。

2. 城市轨道交通信号系统的节能设计

节能环保是当前社会发展的主题，在城市轨道交通信号系统设计的过程中也要考虑节能的目标。在保证轨道交通运输安全稳定的条件下，尽量节省运营成本，严格遵循节能环保的运行原则。一方面要考虑节能调度运营设计，在运行高峰时段以及非高峰时段通过对信号的调节规划列车的运行，在满足不同时段运营能力的前提下，又能起到节能环保的作用。另一方面要通过信号系统对列车运行的速度进行控制，在不同的运行模式下，列车运行所产生的成本有着一定的差别。图4-3为三种不同的驾驶曲线，A曲线为赶点运行曲线，可以看出此运行模式加速度相对较大，运行时间相对较短。B曲线为正常运行的驾驶曲线，各种参数相对适中。C曲线为节能运行曲线，运行时间相对较长，加速度相对较小，定速运行时间较长。

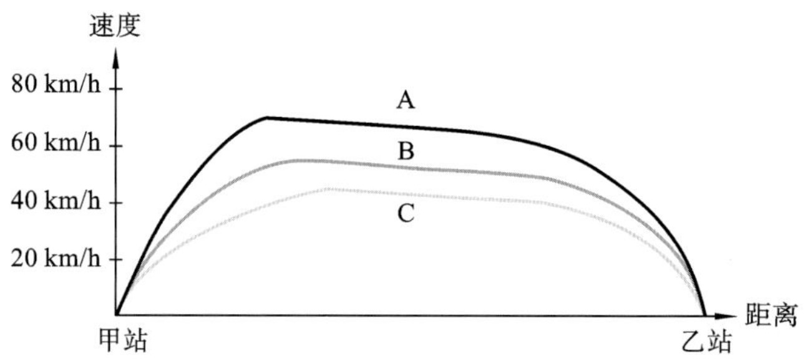

图4-3　三种驾驶曲线比较图

3. 自动驾驶技术与互联互通技术的应用

自动驾驶技术能够有效促进城市轨道交通信号的发展。在当前轨道交通的发展中，自动驾驶技术能够有效应对列车运行过程中的大多数异常情况。在列车通电后，自动驾驶技术能够对列车进行综合自动检测，在运行过程中能够保障列车按照合理的运行时刻表运行，自动完成区间运行。自动驾驶技术是在轨道交通信号系统的控制下，通过计算分析合理安排列车运行的速度，而且能够自动反馈列车运行过程中的各种数据信息，方便信号控制系统进行分析处理，提升城市轨道交通运输的效率。

当前人工智能技术以及网络通信技术的发展使得城市轨道交通信号系统的互联互通功能不断增强。轨道交通信号的互联互通是建立在物联网技术的基础上，互联互通技术的良好应用能够有效改善传统单项对接的运营模式，从而有效改变城市轨道交通网，促进轨道交通信号数据资源的共享。但是，在数据传输的过程中，不同列车由于数据接口或者传输设备的不同，在数据共享的过程中可能存在一定的差异，所以要尽可能统一互联互通系统的标准，保障城市轨道交通信号的有效共享，为城市轨道交通信号系统的智能化奠定基础。

4. 城市轨道交通信号系统智能运维

城市轨道交通信号系统在运行的过程中，需要定期对其检查维护，保证系统能够正常稳定运行。为了提升运维效率以及运维效果，需要引入新型智能化运维技术，建立在人工智能技术以及深度学习技术上的人工智能运维系统能够对采集的数据进行实时的数据处理以及结构预测，还能够通过对数据的分析进行故障诊断以及潜在趋势的预测分析，为轨道交通的运行安全提供保障。此外，还要在轨道交通信号系统不同体系中加强对新技术的应用，如在信号系统感知层加强高频以及蓝牙技术的应用，在信号平台层加强大数据技术的融合等。

第六节　未来人工智能技术在城市轨道交通的应用与探索

人工智能技术在城市轨道交通的应用，有助于构建安全、高效、便捷以及绿色的智慧城轨，助力城市轨道交通智能化和信息化发展，实现智慧轨道交通运营的可持续发展。

一、建设背景及发展现状

1.建设背景

随着新一轮科技革命和产业变革的蓬勃兴起，新一代信息技术不断应用于城市轨道交通，推动了城市轨道交通智能化转型，加快了各专业的融合进程。新一代信息技术融合领域不断扩展和融合程度不断加深，不仅极大提升了各专业的信息化水平，而且其强大的渗透力、带动力和技术创新力对传统城市轨道交通各专业的发展形态、发展理念、发展模式和运营模式产生了重大影响，推动着城市轨道交通从信息时代向智慧时代迈进。“智慧化”是城市轨道交通的未来发展和新基建的重点方向，能够推动城市轨道交通向安全舒适、绿色低碳以及减员增效方向发展。

人工智能(AI)是计算机学科的一个分支，是 21 世纪 3 大尖端技术(基因工程、纳米科学、人工智能)之一。随着算法技术的不断突破，人工智能技术获得了迅速发展，在理论和实践上都已自成一个系统。人工智能应用于社会发展的各行各业，推动了各应用场景的技术转型升级。

2.发展现状

城市轨道交通是城市发展的产物，是城市发展和现代化的重要支撑，在建设和运营期间呈现出“超长”“超复杂”“超强”“超高”等特点。“超长”体现在地铁建设跨度时间长、线网运营里程长和乘客平均运距长等方面；“超复杂”体现在运营场景复杂、客流特征复杂和运行交路复杂等运输组织方面；“超强”体现在客流短时冲击强、设备服役负荷强和列车运行措施强等系统荷载方面；“超高”体现在安全保障要求高、乘客服务需求高和企业运营成本高等方面。这些要求和特点为城市轨道交通的可持续高质量发展带来了诸多难题。

人工智能技术作为国家重点支持的新一代信息技术，在智能机器人、大数据挖掘分析、深度学习算法、机器学习算法、人类知识模拟、人类行为模拟以及自动驾驶和模拟等多方面应用广泛，实现了各种应用场景的设备智能化，提高了自动化水平，减少了人员工作量。人工智能正在融入人们生活的各个方面，助力各个行业形成新业态和新发展，推动各个行业进行数字化、无人化以及智慧化转型。国内各城市轨道交通运营公司都在应用人工智能技术，力图在减少人工数量的同时提高城市轨道交通运行效率、安全性和乘客舒适性等，降低设备维护成本，真正实现企业扭亏为盈，为城市轨道交通可持续发展提供保障。

目前，哈尔滨、北京、上海以及广州等地区城市轨道交通均在大规模探索人工智能技术的应用场景。

二、应用场景

1. 智能安防

基于AI技术的新一代安检系统向网络化集成转变，从功能单一、设备离线、人力分散和人工判图等传统安检模式向功能网络化、判图智能化和识别精准化的安检模式发展。跨站点远程实时动态判图任务调度机制，将一个判图员固定检查一个安检点X光机的模式转变为一个判图员在智能AI辅助下动态检查多个安检点X光机的模式，并通过合理的人力调度，重点提升平低峰时段安检判图员工作饱满度，提高安检判图人力利用率，达到降低人力成本的目的，具体架构对比如图4-4所示。

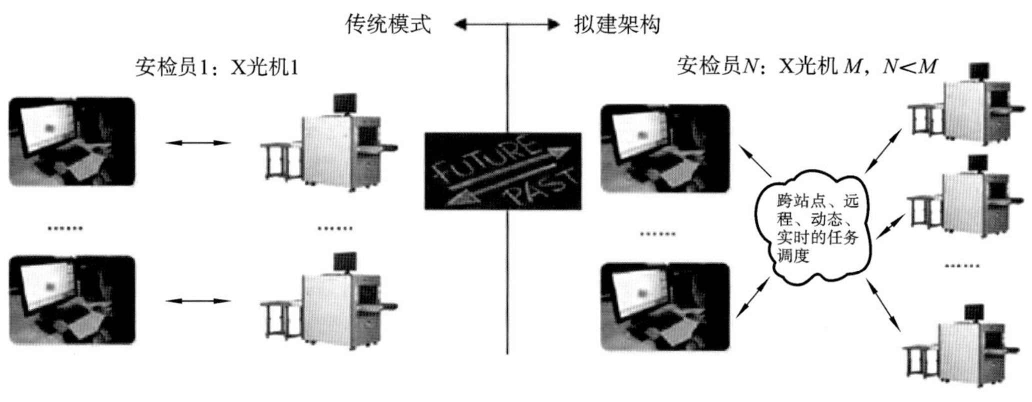

图4-4　传统架构和AI架构对比图

基于安检信息管理系统，运用图像实时传输、任务动态调度以及图像智能识别等技术，开发实时判图、远程判图、集中判图和AI智能辅助判图等功能。如在车站设置集中判图室实现车站安检工作减员增效。首先，提升判图速度，提高判图准确度，降低劳动强度，AI辅助人工判图平均每个任务耗时2.9 s；其次，5台安检机，设置4台判图座席，原每班配员5人，现每班配员3人，平均节约判图人力40%；最后，X光机转速由0.2 m/s提速至0.3 m/s。集中判图区现场如图4-5所示。

2. 智能运行

列车全自动智能化运行系统是基于全方位态势感知、故障诊断以及运行控制等技术，实现城市轨道移动装备的自感知、自诊断、自决策、自学习、自适应、自修复以及自动驾驶，能够兼容不同信号制式和不同线路设备的跨制式通用列控系统。

列车自动运行系统框架是以车站控制器为核心的扁平化架构，其以车载控制器为安全防护和自动运行的核心，弱化中心限制，更利于系统部署和扩展。它采用基于资源管理的进路防护算法，即以高精度行车资源管理为基础的进路防护算法提供灵活的安全防护能力，可在任意位置为列车建立任意方向安全进路。列车自动运行系统框架具有车载自主进路功能。车载控制器从自动转换开关电器实时同步本车的时刻表信息，可在中心ATS故障时继

图 4-5 集中判图区现场图

续按照时刻表运行。此外，它拥有完善的降级设计。轨旁控制器提供了完整的降级进路防护功能，支持基于通信的列车自动控制系统和降级列车混合运行。列车自动运行系统如图4-6所示。

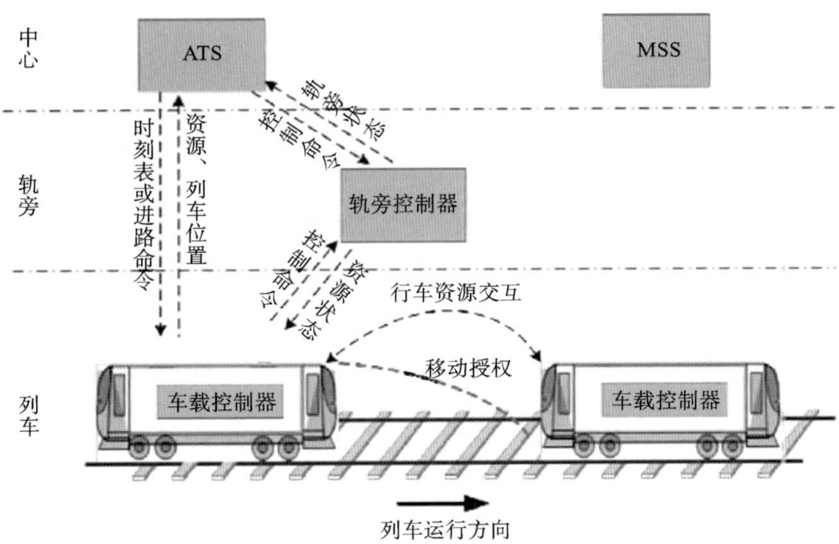

图 4-6 列车自动运行系统

扁平化架构将CBTC下的CBI-ZC-VOBC三级结构变为OC-VOBC两级结构，减少了控制节点，使得各子系统之间的数据流交互和接口简单清晰，便于系统部署和扩展，有利于降低运营维护成本。“车—车通信”客观上精简了“车—地”之间交互的信息量，缩短了交互时间。采用行车资源方式管理进路能够提升道岔使用效率，缩短运行时间间隔。列车自主运行时，仅需保证无线网络和OC设备无故障，依赖节点少，可用性更高。

此外，进路以列车为起点建立任意方向安全进路，可为运营提供更加灵活和多样化的运输组织方案。

3. 智能维护

关键设备或部件的智能在线故障预测与诊断能够确保行车安全，缩短停车时间，提升上线列车整体可靠性，降低列车运维成本，为车辆智能运维系统提供数据支撑。智能故障预测与诊断结合列车运行设备健康管理技术能够提高列车在异常事件发生时的快速自修复能力。障碍物检测预警系统是利用先进的传感器技术检测列车周围信息，通过信息融合、大数据处理和 AI 算法自动识别出危险状态，协助司机进行安全辅助驾驶，以提高行车安全和线路通行能力的系统。该技术能够实时监测列车前方线路，识别出各种潜在的危险情况，并通过不同的声音和视觉警报，帮助避免或减少碰撞事故的发生。

针对城市轨道机电设备运行中的故障特点，采取车辆人工智能检修的方式对所有专业进行分类，共分为 8 个系统，分别采用不同的智能监测维护系统和设备实现智能维护，具体分类如图 4-7 所示。

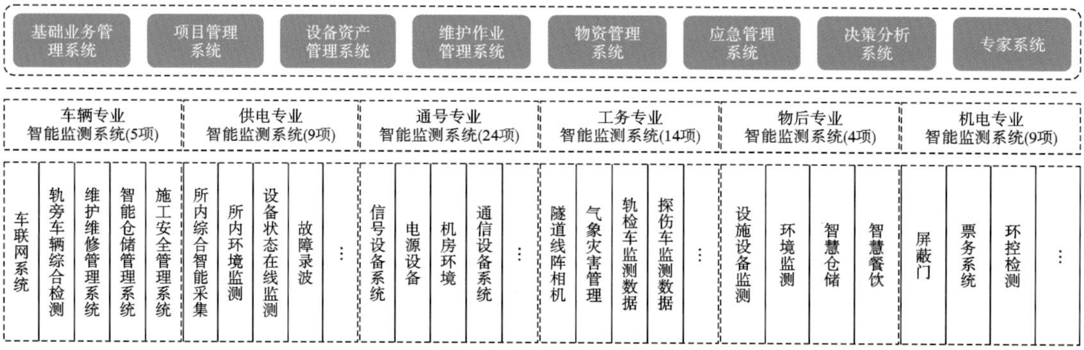

图 4-7　全专业智能维护系统

三、技术难点和不足

1. 算法改进

不同轨道交通专业需采用不同的维修保养方式，因此应建立算法仓库并不断丰富算法仓库，优化算法，从而实现人工智能检修的智能化。例如，使用时间序列算法对客流进行智能分析，对于轨道检修采用机器学习算法，运用智能轨道监测车进行巡道检修，运用神经网络算法对综合监控全系统进行深度模拟以实时反馈运行状态和报告故障等。

算法仓库是一套集成多种智能算法的统一管理调度系统，根据上层业务的实际需求，灵活按需调度资源池中的硬件资源，并加载相应的智能算法，满足智能应用需求，实现多种智能算法的统一、灵活调度，提升计算资源的整体利用率。算法仓库统一集成框架通过算法库注册不同场景和不同业务的智能算法，主要包括人脸识别算法、车辆识别算法、人体识别算法、行为分析以及视频结构化算法等。通过算法仓库管理可以对智能算法进行统一管理，从而实现智能算法的添加、删除、编辑、查询和下载。

2. 优化应用

为进一步提高乘客服务的便捷化、舒适化和智能化水平，需要建设具有自主服务、主动进化、智能诊断、自动运行以及全息感知等功能的智慧乘车系统，打造无人智慧车站。

打造无人智慧车站时，应建立无人客服中心以替代人工服务，提供智能票务服务处理、综合资讯查询以及智能音视频交互等业务，实现车站服务的自助化、智能化和人性化；建立智能售检票系统，其具有全场景移动支付、现金支付、电子货币支付以及语音购票等功能；车站设置智能机器人，具备与乘客语音交互、乘客引导、信息查询以及安保巡更等功能；建立节能控制系统根据季节、温湿度和客流等变化自动调节车站温湿度，实现车站智能环境动态调控，采用节能设计方案，将空调机组、风机、风阀、二通阀、传感器（温度、湿度、二氧化碳浓度等传感器）以及水系统设备接入节能控制系统，利用系统内的数据模型及相关节能策略实现环控系统内的风系统和水系统的联动控制，为乘客提供舒适的环境；采用直流集中供电智能照明系统，根据车站不同的运营场景和客流情况自动调节相关区域照度，并具有故障监测功能；建立智能视频分析系统，基于对视频基础数据信息的处理分析，利用深度学习和人工智能等技术，对站内乘客行为和客流信息等进行智能分析、集中监控，实现与其他系统的信息共享及联动；建立智能广播系统，配备在不同场景下自动触发广播语音的功能，无须人工干预即可根据现场实际情况进行广播播报，提醒乘客注意各项信息，并根据不同区域的声环境，自动调节公放音量，为乘客提供舒适的乘车体验；建立智能边门，通过人脸识别和刷卡等多种方式，供免费人群、地铁人员专用通行；使用自动开关站功能综合监控系统，根据 ATS 提供的时刻表，在运营开始和结束后，在规定的时间内按照规定的程序对车站实行自动开关站作业。

3. 优化管理

由于传统线路采用“一线一中心”的设计模式建设，不同专业的烟囱式系统分散建立，轨道交通网络客流时空分布规律难以掌控，不同线路、不同专业、不同业务系统间数据集成度低、互联互通性差，导致出现线网运力和运量匹配度低、不同系统设备运行协同性差、客流波动和故障场景下调度响应速度慢以及网络运输整体效能不高等问题，难以实现以客流驱动的网络化协同调度机制。

在轨道交通运行的各个领域探索人工智能应用的更多场景，进一步优化应用方式，调整目前的传统管理模式，提出了适应人工智能场景下的轨道交通运行管理新模式。①减少车站安检人员，形成集约化智能统一集中判图。②减少车站现场持续维护人员，加强智能巡检。③减少车站中央控制人员，所有专业数据集中统一调度。④减少运营部门管理界限，实现所有人员实时跨专业调度。⑤适当增加车站服务人员，运用人工智能新场景，使车站从管理型状态向乘客服务型状态转变。⑥减少巡检维护人员，运用人工智能新场景，实现智能巡检，统一调配维护人员。

总之，随着算法技术的不断突破，人工智能技术不断成熟，其应用场景也不断丰富。人工智能技术已成为新一代革命性技术，其在智慧轨道交通安防、运行以及维护等场景应用的不断深入，推动着智慧地铁朝更加智能化和无人化方向发展，但也存在算法学习能力不足、应用场景不够丰富以及地铁管理与人工智能技术发展不匹配等问题。通过转变传统发展模式，构建城市轨道交通运营新模式和新型架构体系，解决城市轨道交通在安全管理、高效运行、乘客服务以及资产维护等方面的发展难题，可为城市轨道交通运营提供更加丰富的智慧场景，用人工智能技术推动智慧轨道交通的可持续发展。